Les Éditions du Boréal
4447, rue Saint-Denis
Montréal (Québec) H2J 2L2
www.editionsboreal.qc.ca

Le tour du jardin

Jacques Godbout

Le tour du jardin

Entretiens avec Mathieu Bock-Côté

*sur les livres, la politique, la culture,
la religion, le Québec et la saisine*

Boréal

© Les Éditions du Boréal 2014
Dépôt légal : 1er trimestre 2014
Bibliothèque et Archives nationales du Québec

Diffusion au Canada : Dimedia
Diffusion et distribution en Europe : Volumen

Catalogage avant publication de Bibliothèque et Archives nationales du Québec et Bibliothèque et Archives Canada

Godbout, Jacques, 1933-

    Le tour du jardin : entretiens avec Mathieu Bock-Côté sur les livres, la politique, la culture, la religion, le Québec et la saisine

    ISBN 978-2-7646-2296-4

    1. Godbout, Jacques, 1933- . Entretiens. 2. Écrivains québécois – 20e siècle – Entretiens. I. Bock-Côté, Mathieu, 1980- . II. Titre.

PS8513.O26Z7   2014   C848'.5409   C2013-942716-3
PS9513.O26Z7   2014

ISBN PAPIER 978-2-7646-2296-4
ISBN PDF 978-2-7646-3296-3
ISBN EPUB 978-2-7646-4296-2

Préface

Jacques Godbout ou l'art de la conversation

Je n'entends pas transformer cette préface en thèse consacrée à la pensée de Jacques Godbout, mais simplement parler de lui comme on parle d'un homme qu'on admire. Comme on parle d'un ami, si je puis me permettre cette audace. D'ailleurs, j'ose croire que Jacques Godbout se passe de présentation. N'est-il pas considéré, avec raison, comme une des figures les plus importantes de la culture québécoise, et son œuvre n'a-t-elle pas trouvé sa place dans le vaste univers de la civilisation francophone ? On devrait avoir le droit, dans un monde civilisé, de dire de certains hommes qu'ils se passent de présentation. Mais la rumeur veut qu'on ait changé de monde. Je me plierai donc aux usages : avant de parler de Jacques Godbout, j'en dirai quand même quelques mots.

Jacques Godbout est né le 27 novembre 1933. Il a eu quatre-vingts ans il y a quelques mois. Écrivain, cinéaste, journaliste, éditeur, il s'agit d'un des grands interprètes du Québec de la Révolution tranquille, comme l'ont été, chacun à sa manière, Gaston Miron, Denys Arcand, Fernand Dumont ou Gérard Bergeron. Il ne fut pas seulement un *créateur authentique, mais un animateur de la vie intellectuelle et un passeur d'idées. Il a connu des premiers ministres qui ont fait l'histoire (ou l'ont empêchée de se faire) et en fut souvent un interlocuteur privilégié. En fait, il ne s'est jamais tenu dans une dissidence radicale avec sa société, comme le font plusieurs intellectuels qui compensent la faiblesse de leur réflexion par une attitude exagérément contestataire. Il fallait du caractère, dans la deuxième moitié du XX*^{e} *siècle, pour dire que la civilisation libérale n'était pas à rejeter intégralement!*

Il vient du Canada français, mais il a transgressé ses grandes références et l'a transcendé, dans un effort collectif, pour fonder le Québec moderne. Il vient d'une génération qui habite deux mondes et qui incarne, sans l'assumer peut-être, une forme de continuité existentielle dans l'histoire québécoise. Il ne joue pas le rôle du grand-père pour qui c'était mieux dans son temps. Son temps, d'ailleurs, il l'a combattu. Il est de ceux qui ont lutté dans les années 1950 pour faire naître le Québec moderne (j'emploie cette formule ici de la manière la plus positive qui soit). Pourtant, il n'a pas renié le monde dont il vient, même s'il n'est pas occupé à le défendre. Il nous en rappelle, peut-être sans même le vouloir, la grandeur. Car de son temps il a recueilli le meilleur : l'amour des livres. Une élégance à l'ancienne. La civilité, aussi, qui n'est rien d'autre qu'un art d'agir en société conjuguant les convenances et la légèreté. Il a aussi le cosmopolitisme spontané des hommes qui savent aller voir ailleurs sans croire au même moment qu'il faut se déraciner.

Mais je le confesse, c'est peut-être son art de la conversation qui me fascine le plus. À l'heure où un homme et une femme, dans un souper, peuvent se faire face dans un silence que je considérerais comme humiliant, parce qu'ils sont occupés à se «texter» (pourquoi se jettent-ils avec énergie sur leur téléphone dès qu'il sonne, comme s'ils attendaient un appel important qui pourrait sauver leur vie?), l'art de la conversation est un rempart contre la barbarie douce et festive qui exige qu'on la confonde avec le vrai progrès. Il fait vivre la cité et permet de nouer les relations les plus riches, de temps en temps les plus intimes, pour peu qu'on ne réduise pas l'intimité au partage des petites misères du quotidien. J'envie les amis les plus proches de Jacques Godbout, ceux qui l'ont accompagné au fil des décennies. Inversement, je connais des hommes à l'intelligence immense, mais qui manquent d'interlocuteurs. Ils s'enferment alors dans une étrange solitude, qui rend triste et peut assécher le cœur. L'homme privé d'interlocuteurs est désespérément cloîtré dans sa propre existence.

Je me souviens d'un repas à Paris où il m'avait expliqué comment visiter la ville, comment ne pas m'y faire piéger. Je me souviens surtout du moment où nous nous sommes quittés: j'aurais bien aimé visiter avec lui les lieux dont nous avions parlé! Nous dînons ensemble de temps en temps depuis quelques années. Je sors chaque fois de table en me disant que la conversation n'aurait pas dû cesser. J'en reviens toujours enthousiaste et admiratif. C'est au moment de l'un de nos repas que m'est venue l'idée de lui poser quelques questions sur les livres, sur la culture, sur le <u>Québec</u>, pour en faire quelque chose publiquement. J'avais le sentiment que ses réponses à mes questions méritaient de se faire entendre par d'autres que moi. Et qu'à défaut de lire un jour ses mémoires ou un grand livre de souvenirs je pou-

vais l'amener, d'une autre manière, à exprimer certaines pensées qui devaient être entendues.

Le tout a d'abord pris la forme d'une entrevue pour mon blogue du Journal de Montréal. *Je lui avais posé quelques questions sur le* Québec, *sur la démocratie, sur les livres et sur la vie. Je ne crois pas me tromper en disant que nous avons tous deux eu envie d'aller plus loin et d'en faire un recueil d'entretiens, d'autant que les lecteurs avaient grandement apprécié la chose. Une entente s'est nouée implicitement, puis explicitement : il ne s'agissait pas de jouer au biographe (je n'en ai pas le talent et je ne crois pas qu'il en ait eu le désir), mais d'explorer les grands thèmes sur lesquels nous revenions souvent lors de nos conversations. D'une certaine manière, il s'agissait de rendre publics nos échanges, de leur donner un écho, parce que j'avais la conviction que Jacques Godbout n'avait pas tout dit. Il fallait un public à ces échanges.*

Le tour du jardin n'est donc pas un livre de mémoires. Du moins pas officiellement. Car Jacques Godbout y confie néanmoins des souvenirs qui permettent de reconstituer certains grands événements de son parcours intellectuel. D'une question à l'autre, il se raconte et raconte le Québec. Je résiste à la tentation d'y voir un exercice « intergénérationnel » – le terme relève du prêchi-prêcha moralisateur contemporain. Mais manifestement, j'ai voulu ici recueillir un héritage, et j'ai voulu que Jacques Godbout nous le transmette. Notre époque aime remonter le cadran historique à zéro. Avec Finkielkraut, je dirais que nous cultivons l'ingratitude. C'est évidemment une immense bêtise, une sottise absolue. Je n'aime pas ceux qui se croient nés du vide et qui, conséquemment, n'ont de dette envers personne. C'est un honneur, pour moi, de jouer ici le rôle de passeur.

Sans être l'homme d'une cause, sans même se conformer au profil de l'« intellectuel engagé » (le principal souci de l'intellectuel engagé, de type sartrien, n'est pas de réfléchir à une question particulière, puis de se prononcer, mais d'indiquer le sens de l'histoire, avec la peur terrible de se tromper de direction, ce qui l'amène, de manière moutonnière, à toujours embrasser les idées à la mode), Jacques Godbout s'est engagé, lorsqu'il le fallait, en fonction de l'idée qu'il se fait du bien commun. Pourtant, la question est souvent posée. Jacques Godbout est-il cynique? Elle est posée par ceux qui aiment ce que Gérard Bergeron appelait le « branchisme »: il faudrait être tout d'un camp ou de l'autre et accepter de servir une idée comme un militant docile et acharné, tirant sur le camp ennemi et se taisant quand notre clan fait des sottises. Il faut aussi étouffer ses doutes lorsqu'on en a, pour ne pas désespérer son camp, pour ne pas attiédir l'ardeur des combattants.

C'est un compliment qu'on ne doit pas faire trop souvent, mais il convient absolument à Jacques Godbout: c'est un homme libre. Vraiment libre. C'est ce qui donne tant de valeur à ses interventions dans la sphère publique. On sait ses grandes causes: il s'est battu contre les curés à l'époque où ceux-ci pesaient vraiment sur le Québec. Son combat était celui de la laïcité et il s'en réclame encore aujourd'hui. Plus largement, il s'est fait le défenseur de la culture – la formule n'est creuse que chez ceux qui ne parviennent pas à l'incarner, ce qui n'est pas le cas de Jacques Godbout. Il ne désire ni la société bureaucratique ni celle des marchands (ce qui ne veut pas dire qu'il ne faut ni bureaucrates ni commerçants), une posture indispensable dans un monde où, apparemment, on doit choisir une des deux. Je suis persuadé aussi qu'il tient plus qu'il ne le dit à l'indépendance du Québec, même s'il affirme le contraire. Mais je plaide ici coupable à l'avance : c'est le propre des croyants que de reconnaître une forme de foi étouffée et susceptible de se ranimer chez tous ceux qui ne les combattent pas ouvertement.

Jacques Godbout n'est pas un cynique. Loin de là. Mais il n'est pas idéaliste non plus. Il sait que les plus grandes causes s'alimentent aussi, à l'occasion, des basses passions et des petits calculs. Ce n'est pas désespérer de l'homme que de ne pas le prendre pour un saint. En fait, Jacques Godbout, c'est ce que je crois avoir compris de nos entretiens, ne prend jamais la bête humaine absolument au sérieux. Il sait que les hommes s'emportent pour d'étranges fantasmes et qu'il n'y a pas de mal à garder la tête froide quand tout le monde s'excite. Son sourire en coin est celui des hommes civilisés qui ne s'interdisent pas l'ironie, mais qui savent admirer la vraie grandeur. C'est ce qui fait la force de son libéralisme : il n'absolutise pas le politique même s'il en reconnaît la nécessité et, de temps en temps, la noblesse. S'il faut croire en l'homme, peut-être faut-il aussi un peu se méfier de lui ?

Dans Histoire et Utopie, Cioran disait que c'est seulement lorsque les passions s'attiédissent que l'homme devient capable de respecter son prochain – c'est qu'il n'a plus les moyens ni l'énergie de le combattre. La démocratie serait le stade terminal d'une civilisation consentant à ce qu'on discute de ses principes parce qu'elle n'y tiendrait plus viscéralement. Les esprits jeunes et vigoureux seraient portés *aux extrêmes politiques, aux absolus idéologiques. Mais un homme ayant vu se succéder les absolus serait plus enclin à accepter qu'ils portent chacun en eux une part de fausseté, une insuffisance fondamentale. De là, il serait moins enclin à s'immoler pour eux ou à bâtir un bûcher pour y brûler les hérétiques. Mourir pour des idées, d'accord, mais de mort lente, disait Brassens.*

Dans ces entretiens, Godbout semble donner raison à Cioran : il se qualifie de vieux démocrate, mais, précise-t-il, tous les démocrates sont vieux. Godbout ici ne me convainc pas : c'est qu'il n'a pas attendu d'avoir des rides pour embrasser le réformisme plutôt que la révolution. C'est probablement une question de tempérament, mais aussi de vision : Jacques Godbout me semble être l'intellectuel libéral par excellence. Un homme ouvert à la vie des idées, qui cherche à la garder vivante, parce qu'il sait bien que la cité ne saurait seulement se diviser entre révolutionnaires et comptables, entre damnés de la terre et bedonnants satisfaits. Ce libéralisme authentique, profond et nuancé me semble être une de ses convictions les plus profondes, d'autant qu'elle s'accorde bien à son caractère.

Je ne doute pas un seul instant que Godbout croie au bien commun. Il sait très bien, toutefois, que personne n'en a une connaissance définitive. Il faut constamment délibérer sur les finalités de la cité, et renoncer à l'utopie terrifiante d'une société communiant dans une définition unique d'elle-même : elle serait étouffante, invivable et implacable pour ceux qui douteraient de temps en temps d'habiter réellement le paradis sur terre. La conversation, j'y reviens, devient alors un art démocratique : elle institue un rite par lequel les grandes questions se dévoilent dans leur complexité et permet de les examiner de manière civilisée, en légitimant dès le départ la diversité irréductible des points de vue. Jacques Godbout était fait pour cela.

Si l'on suit sa vie intellectuelle, Jacques Godbout ne s'est pas si souvent trompé. Cela ne veut évidemment pas dire que je lui donne toujours raison. Cela veut dire qu'il ne s'est pas fondamentalement trompé en avançant dans le monde des idées et en évoluant dans la cité. Avec Aron, avec d'Ormesson, avec Revel, et quelques autres, il fait partie de ceux qui ne se sont pas laissé bluffer par l'utopisme et il s'est pour cela posé en conservateur de la civilisation libérale. On peut partager ou non ses idées, mais on se trouve toujours devant un interlocuteur raisonnable, de bonne foi, qui croit que la société peut s'avancer sans violence, sans se déchirer, sans jouer à la guerre civile, sans s'épuiser dans l'indignation théâtrale. J'ai pour lui la plus grande admiration.

En relisant ces entretiens, au moment d'écrire cette préface, j'ai bien vu de quelle manière je m'adressais à Jacques Godbout. Non pas comme à un vieux sage à qui on demanderait patiemment je ne sais quelle leçon de vie. Non plus qu'à un homme compartimenté selon ses talents, écrivain et cinéaste, journaliste et poète à qui je demanderais finalement de m'expliquer le mécanisme de la création artistique. Non, je lui ai parlé comme à un interlocuteur intellectuel de premier plan, comme à un des observateurs les plus brillants du Québec. Je l'ai invité à revenir sur les grands thèmes qui ont traversé sa vie, et en fin de compte, sur une vie absolument passionnante. Je dirais bien qu'elle fut exemplaire, mais il me gronderait. Je dirai alors de sa vie qu'elle est inspirante. Le tour du jardin *représente peut-être, du moins je l'espère, une porte d'entrée dans une œuvre qu'il vaut la peine de découvrir, ou de redécouvrir. Je vous parle d'une œuvre que les moins de vingt ans devraient connaître.*

M. B.-C.

Toujours écrivain de province ?

*Le romancier n'est ni historien, ni prophète,
il est explorateur de l'existence.*

MILAN KUNDERA

M. B.-C. *J'ai eu l'occasion de vous le dire déjà : il m'arrive de vous comparer à Jean d'Ormesson. Vous êtes, tous les deux, des écrivains heureux, dont l'œuvre semble quelquefois légère mais qui capte pourtant l'époque qu'elle décrit avec une perspicacité remarquable. Vous transpirez la même urbanité, la même civilité, la même élégance, le même art de vivre. Le même charme aussi. On cherche votre compagnie pour votre conversation ! Peut-être est-ce le privilège de ceux qui sont bien nés ? J'ajouterais une même ironie devant le mouvement de l'histoire, qui nous emporte et que nous ne pouvons sérieusement freiner ou renverser, quoi qu'en pensent les jeunes intellectuels intoxiqués par le volontarisme gaullien ! Un point de plus pour vous : vous n'avez pas le bonheur gaga de D'Ormesson, qui s'est fait happer par les caméras de télévision, mais un bonheur mélancolique, qui vous donne bien plus de profondeur lorsque vous parlez du monde qui va, de celui qui nous échappe. Mais cette comparaison n'est qu'un piège, peut-être, pour vous amener à vous définir. Je me demande simplement : quel genre d'écrivain êtes-vous ? <u>Quel genre d'intellectuel êtes-vous ?</u> Si vous deviez faire le portrait de l'homme que vous avez été et que vous êtes encore, à quoi ressemblerait-il ?*

J. G. D'Ormesson ? C'est un piège ? J'entends d'ici mes confrères rigoler et mes ennemis persifler.

Je suis un garçon bien élevé, ancien élève des pères jésuites qui nous apprenaient la civilité. Jean d'Ormesson est fils d'ambassadeur, il a vécu son enfance au château de sa mère, épousé la fille d'un magnat du sucre et de la presse, agrégé de philosophie il a dirigé *Le Figaro,* membre de l'Académie française il est de tous les plateaux de télévision. D'Ormesson est un digne représentant de la vieille France ! Et moi ? Mon père, agronome, n'a connu d'ambassades qu'auprès des cultivateurs, le château de ma mère était un grand hôtel de tourisme au bord du lac Saint-Louis, qui a brûlé de fond en comble quand j'avais cinq ans. Et le reste !

Cela dit j'aime bien Jean d'O, le Parisien sympathique, l'érudit qui a toujours une anecdote à rapporter, mais au-delà de nos récits familiaux, légèrement aux antipodes, vous avez touché juste : d'Ormesson raconte avoir choisi la littérature pour tenter de clarifier ce qui lui arrivait, pour comprendre le monde. Ce fut aussi ma démarche, j'ai entrepris des romans pour voir clair non pas dans ma vie personnelle, mais dans celle de la nation canadienne-française québécoise, dans les rêves de ma tribu nord-américaine. J'étais à l'écoute, je m'appropriais la réalité par le langage.

Plus simplement, je crois que la découverte, en classe de lettres, à seize ans, de l'histoire de la littérature française ne m'a pas laissé le choix : c'était *mon* histoire, je voulais en faire partie, la poursuivre, fréquenter des auteurs, être l'un d'eux. Nous allions même, poètes, romanciers, dramaturges, essayistes, inventer, créer, diffuser une littérature nationale à la hauteur de nos ambitions politiques ! Et d'étape en étape, sur cinquante ans, chacun de mes romans correspondait à un moment de l'évolution de notre société, je n'en ai pris la mesure qu'après coup, je me rapprochais psychologiquement et géographiquement du pays, suivant un cheminement qui n'était qu'une lente prise de conscience identitaire.

Je vous ouvre une piste : *L'Aquarium* était situé à l'étranger, son narrateur en quittant les lieux évoquait une révolution à venir ; celui du *Couteau sur la table* poursuivait un périple qui le menait d'ouest en est, vers le Québec, puis les narrateurs de mes récits, jusque-là anonymes, ont soudain eu des patronymes, Galarneau dans son stand de frites commerçait en banlieue, D'Amour arrivait en ville et fréquentait l'Université de Montréal, dans *L'Isle au dragon* Michel Beauparlant rejouait l'histoire du monde sur les rives du Saint-Laurent et finalement Charles et François Papineau, *Les Têtes* pour les intimes, s'avouaient déchirés par le choix politique que vous savez, aux conséquences imprévisibles. Les romans suivants ont des contenus plus explicites, le rapport aux États-Unis dans *Une aventure américaine,* le défi démographique du Québec au *Temps des Galarneau,* enfin la relation difficile du Québécois avec la capitale de l'esprit français dans *La Concierge du Panthéon,* pour boucler la boucle.

Quel genre d'écrivain ai-je été ? On m'a souvent dit que j'écrivais pour les hommes. Ils sont les seuls d'ailleurs à m'arrêter sur le trottoir pour discuter de mes textes. Dommage. Comme romancier je suis plus intéressé par la métaphore que par la psychologie, cherchant la manière la plus juste de faire évoluer mes personnages, avec humour pour ne pas ennuyer le lecteur. On définit l'humour comme la politesse du désespoir ? Je suis très poli. J'ouvre les portes aux dames, je cède ma place, je lève mon chapeau au passage des amis.

Vous ai-je déjà mentionné que je croyais avoir peut-être été mal orienté à l'université ? Ce n'est pas en lettres que j'aurais dû m'inscrire, mais en sociologie ! Cela dit, j'ai toujours pensé que les sciences humaines étaient des formes spécialisées de littérature qui exigent les mêmes talents que ceux que l'on attribue habituellement aux écrivains : maîtrise de la langue, clarté, intuition, imagination, invention, érudition, culture. J'aurais aussi aimé être géographe, c'était ma matière préférée à l'école. Mes enfants savent que jusqu'à l'âge de soixante-quinze ans j'ai parcouru le samedi matin dans les journaux les annonces de carrières et professions, espérant trouver un jour ce que j'avais *vraiment* envie de faire dans la vie. D'Ormesson avait, lui, son destin tout tracé.

Mais vous avez raison, je suis un écrivain heureux.

M. B.-C. J'ai déjà eu l'occasion de vous le dire de vive voix : j'aurais bien aimé lire un jour vos mémoires. Mais je ne le pourrai pas, car vous ne les écrirez pas. Je vous en veux un peu et je vous le reprocherais bien, mais je devrais faire la même chose à tant d'autres écrivains, à tant d'autres artistes, à tant d'hommes politiques québécois. Et je suis d'un coup terrifié : lorsque votre génération disparaîtra, c'est la mémoire vivante de la fondation du Québec moderne qui nous quittera. Car Jacques Parizeau non plus n'écrira pas ses mémoires. Non plus que Bernard Landry. Non plus que Guy Rocher. Non plus qu'Yves Michaud. Non plus que Denys Arcand. C'est un peu comme si les Québécois qui ont pourtant accompli beaucoup dans leur vie et ont fécondé leur culture en profondeur ne croyaient pas nécessaire d'inscrire leur parcours individuel dans un parcours collectif. Qu'est-ce qui vous retient d'écrire vos mémoires ? Et pourquoi les Québécois en général ne les écrivent-ils pas ? Est-ce révélateur d'un trait culturel particulier ? Qu'est-ce qui se cache derrière cette volonté de ne pas récapituler sa vie dans une œuvre définitive ?

J. G. Honnêtement, je ne crois pas qu'il s'agisse d'une tare québécoise. C'est un choix personnel. J'ai, pour ma part, poussé l'outrecuidance jusqu'à publier une biographie ironique : je cherchais ce qui avait été le fil conducteur de ma vie et j'ai pensé que, comme pour tout Nord-Américain, la voiture automobile pouvait servir de marqueur. C'est un récit graphique de couleurs vives, du côté d'*IXE-13*, que Rémy Simard a magnifiquement illustré. Évidemment, *Autos biographie* n'est pas conforme aux standards. Je ne me voyais pas raconter tous les bonheurs de ma vie, toutes mes rencontres de gens extraordinaires, tous les événements importants dont j'ai été témoin. Pour me faire valoir ? Je n'ai pas connu de tragédies, de revers de fortune, de maladies graves, allais-je m'en vanter ?

Les autobiographies sont rares, vous avez raison, mais les Miron, Parizeau, Lévesque, Borduas ou

Bourgault ont trouvé leurs biographes. Ce qui vous inquiète, c'est l'absence de mémoires. Je crois vous avoir entendu à la radio raconter qu'à quinze ans vous aviez déjà écrit les vôtres. Vous êtes vraiment un homme d'un autre siècle. Je ne vais pas vous le reprocher, mais puis-je vous rappeler que la mémoire aujourd'hui est du domaine de l'audiovisuel ?

Depuis plus de cinquante ans tout est archivé, et les mémorialistes font désormais des documentaires sonores pour la radio ou des téléfilms. Ainsi, je crois avoir participé d'une certaine manière à des « Mémoires » en réalisant *Le Mouton noir,* une chronique filmée de l'après-Meech, qui documentait, plus en profondeur que le journal télévisé, un moment politique. Tous les conflits importants ont leur album. Claude Lanzman a traité des camps nazis par le cinéma dans *Shoah.* Jean-Marie Drot a décrit la vie des peintres de l'école de Paris dans *Les Heures chaudes de Montparnasse,* Michel Brault et Pierre Perrault, dans *Pour la suite du monde,* ont cristallisé la culture des anciens Canadiens.

Le duc de Saint-Simon était un littéraire, dans un monde littéraire. Le contexte contemporain n'est peut-être plus propice aux mémorialistes. Et puis Internet est une nouvelle mémoire, indestructible dit-on, qui s'ajoute à celle plus fragile de la télévision, de la radio, du cinéma, de l'imprimé. Ce monde devient de plus en plus bruyant, confus, nous avons la mémoire embarrassée par des millions de sources, de liens, d'œuvres. Comment y voir clair ? Comment transmettre ce que nous vivons ? Est-ce encore pertinent ? Il existe un gouffre entre ma culture et celle des enfants du 2.0. Récapituler sa vie « dans une œuvre définitive » ? Qu'y a-t-il de définitif aujourd'hui ? Dans les grandes capitales, les hommes d'État publient leurs mémoires, mais il leur était souvent arrivé aussi de rédiger des ouvrages avant d'entrer en politique. Ce n'est pas une pratique courante sur les bords du Saint-Laurent.

M. B.-C. *Je ne me rappelle plus trop qui disait qu'un écrivain n'écrit pas des livres comme autant de projets séparés les uns des autres, mais qu'il écrit sans arrêt et découvre de temps en temps qu'il a trouvé le filon d'un livre auquel il se consacrera. Est-ce vrai pour vous ? Est-ce que vous écrivez « tout le temps » ? Comment vous vient l'idée d'un livre ?*

J. G. L'écriture, disait récemment Philip Roth, est un esclavage. C'est tout à fait vrai, écrire « tout le temps » n'entend pas nécessairement être assis à sa table, car, de toute façon, on ne cesse de penser au texte en cours. Pour le reste, tout dépend de la forme et du genre, il n'y a pas de loi universelle. La poésie est un exercice continu, qui peut s'élaborer en flânant sur un trottoir. J'ai connu un poète qui tendait des ficelles dans sa salle de travail pour y accrocher des feuillets sur lesquels il inscrivait un mot, une phrase, qu'il déplaçait ensuite dans l'espace. Un architecte du verbe. Écrire tout le temps ? Les vrais poètes sont de garde vingt-quatre heures sur vingt-quatre.

Si vous êtes écrivain, les lecteurs vous abordent en voulant savoir quel sera votre prochain livre. « Vous écrivez toujours ? » demandent-ils, moins intéressés par votre sujet que par l'idée que vous ne quitterez pas le travail pour prendre votre retraite. C'est l'esclavage dont parlait Roth et que connaissent tous les romanciers. Gabrielle Roy me confiait qu'après *Bonheur d'occasion* elle croisait tous les matins dans l'escalier de son immeuble un critique bossu qui croassait « Alors Mme Roy ? bientôt un nouveau roman ? » C'est peut-être ce pour quoi elle s'est réfugiée en Europe ! Écrivain, vous ne pouvez partir en vacances, ou alors ce sera comme André Gide, un carnet sur les genoux, descendant en pirogue le fleuve Congo.

Je ne sais d'où vient le désir, un jour, de quitter la poésie pour le roman. Par vanité, pour rejoindre un plus grand public ? On sait que les poètes se lisent entre eux et que la lecture d'une œuvre romanesque favorise plus aisément la conversation, même si elle peut être désarmante. Je me souviens que Patrick Straram, dit le Bison ravi, directeur d'un cinéma d'art et d'essai, avait mis en vente à son guichet *L'Aquarium,* comme une « métaphore de la Grande Noirceur ». Et moi qui n'avais pas voulu écrire un premier roman provincial, espérant cette aventure universelle ! Tout livre une fois publié vous échappe totalement.

Aussi, le point de départ d'un roman est parfois inattendu, ainsi *Salut Galarneau !* répondait à un autre roman : quand Marie-Claire Blais, en 1965, a publié *Une saison dans la vie d'Emmanuel* avec un succès mérité, j'ai senti en moi monter une colère. Allait-on encore longtemps décrire dans notre littérature des personnages souffreteux et désespérés ? Pourquoi cette littérature misérabiliste en pleine Révolution tranquille ? Comment parler des petites gens qui avaient en eux des envies de bonheur ? François, le roi du hot-dog, s'est imposé à moi, il était amusant et plein d'espoir, tenait un journal dans son stand pour affronter son frère aîné, l'écrivain professionnel qui fréquentait le grand monde de Radio-Canada. Je dois dire que j'ai regretté, un quart de siècle plus tard, de voir les frères Galarneau abandonner leur coin de pays devant la montée de l'immigration, mais le romancier ne contrôle pas le récit qu'il rédige s'il aborde le roman sans plan préalable, comme je le faisais. J'écrivais en vue de savoir où le personnage principal me conduirait, c'est loin de la pratique de romanciers qui, comme John Irving, tapissent leurs murs de fiches et d'intrigues avant d'écrire la première ligne.

M. B.-C. *Raymond Aron disait qu'il regrettait de ne pas avoir écrit son* Marx, *un auteur auquel il avait consacré tant et tant d'études. Y a-t-il de votre côté un livre que vous regretteriez de ne pas avoir écrit ?*

J. G. Eh oui, j'aurais aimé rédiger un essai sur le rôle fondamental des inventions scientifiques dans l'évolution culturelle. Ce ne serait pas triste : je suis de plus en plus persuadé qu'à long terme la locomotive, l'automobile, la caméra, le transistor, l'aviation ou l'ordinateur, entre autres, ont eu une plus forte influence sur les mœurs et les sociétés que les escarmouches militaires, les postures politiques, les rébellions ou même la vie religieuse. Notre histoire « nationale » est un récit politique plein d'illusions sur la démarche des sociétés, qui, s'il convenait à l'époque agricole, ne dit plus ce que vit le peuple depuis bientôt deux siècles.

Les gouvernements gouvernent de moins en moins, ils promulguent des lois en réaction aux changements qu'imposent les techniques et technologies nouvelles. Ces dernières modifient le paysage, transforment autant la nature que les relations humaines. Les technologies sont souvent le produit de recherches militaires, et, bien après la guerre, celles-ci poursuivent leur combat dans la vie civile. Le monde du travail, les infrastructures, l'architecture, l'immigration, la prolifération des banlieues, les arts, la sexualité, la nourriture, tout est sous l'influence des techniques et des technologies. L'avenir du français en Amérique du Nord, où se parlent deux autres langues européennes, l'anglais et l'espagnol, dépendra de l'utilisation que nous ferons des outils informatiques. Peut-être que tout cela est d'une évidence digne de La Palice ? Mais reconnaît-on les effets sur la démographie de la pilule anticonceptionnelle, offerte aux Québécoises depuis la Révolution tranquille ? Sait-on qu'elle est à l'origine des discussions sur les accommodements raisonnables puisque seul l'apport des immigrés nous évite une dépopulation ?

M. B.-C. Un écrivain a des amis. Je devine qu'il a aussi des adversaires, peut-être même des ennemis. En aviez-vous ? En aviez-vous avec qui la querelle s'est longtemps maintenue ? Quels thèmes, quelles personnes, suscitaient chez vous un désir décomplexé de polémique ? Je sais que la bêtise vous enrage : mais quelle forme particulière la bêtise doit-elle prendre pour vous enrager vraiment ?

J. G. La bêtise m'enrage toujours, sous toutes ses formes, mais je ne polémiquais pas à ce sujet. Fut une époque où une lettre aux journaux suffisait à me soulager. Je ne répondais pas non plus aux procès que me faisaient les marxistes-léninistes de la Cinémathèque, dénonçant mon cinéma «bourgeois», ni aux analyses critiques mesquines comme celle de Serge Cantin publiée dans *Liberté*, utilisant les personnages de mes romans pour vilipender ma tiédeur patriotique ; de toute manière, et sans me prévenir, Alain Roy, aujourd'hui directeur de *L'Inconvénient*, lui avait magnifiquement répondu. Pour le reste, je laissais braire.

Je vous avoue cependant que votre question m'a beaucoup donné à réfléchir. Les escarmouches avec Jacques Ferron, verbales ou par lettres personnelles, tenaient en partie au fait que Jacques, comme moi un ancien du collège Brébeuf, était de la génération de Pierre Trudeau, alors que j'étais de celle de Bourassa : nous avions beaucoup de difficulté à nous entendre même s'il était arrivé dans le champ des lettres en même temps que moi. Je lui trouvais des allures de notable provincial, il m'imaginait urbain snobinard, je le voyais comme un suppôt de l'Union nationale, il me reprochait mes accointances libérales. Par contre, ce sont des questions religieuses et culturelles qui m'ont opposé à Gérard Pelletier, directeur de *Cité Libre*, bien avant qu'il ne devienne ministre, et si j'attaquais à l'occasion Mordecai Richler, dont je respectais le statut d'éminent écrivain, c'est qu'il refusait de reconnaître l'évolution de notre société. J'ai tenté de clarifier cela dans un article paru dans le *New York Times* après sa mort, et son fils Noah m'en veut encore.

Alors je me dis : à quoi bon revenir sur ces vétilles qui animent un plateau culturel, fouettent l'adrénaline, mais n'aboutissent à rien ? Bernard Pivot avait réussi, dans une émission de *Bouillon de culture*, à m'opposer à Pierre Falardeau. Nous n'utilisions pas le même langage, il était populiste et sans nuances en public, conciliant en privé. Mais il est mort, comme Ferron, Pelletier, Richler ou le jésuite Joseph Marie d'Anjou. Pour répondre à votre question en toute sincérité, il faudrait les ressusciter, il n'y a aucune gloire à avoir raison quand on est le dernier survivant.

M. B.-C. *Dans un texte récemment paru dans* Le Devoir, *vous insistiez pour distinguer le travail de l'écrivain de celui du journaliste. Je vous cite : « On dira que j'accorde à l'écriture littéraire plus d'importance qu'elle n'en mérite, mais, désolé, je suis un écrivain du XXe siècle. C'était avant la confusion des genres, avant le relativisme culturel, quand il existait une hiérarchie des œuvres. À nos yeux, la littérature était un art issu du domaine du sacré, elle ne faisait aucunement partie du secteur des communications ou du commerce, elle fréquentait la philosophie. » Dans ce très beau texte, vous écriviez aussi : « Le romancier est un menteur professionnel à la recherche d'une vérité qui n'affleure jamais dans la réalité. Le journaliste, de son côté, est tenu de chercher la vérité dans les faits, il va tenter de les expliciter tout en laissant,* *idéalement, ses opinions au vestiaire. » Je me suis demandé une chose toute simple en vous lisant : Bergson disait qu'un philosophe avait une idée et passait sa vie à l'expliquer. D'Ormesson a déjà écrit que « les grands écrivains écrivent toujours le même livre ». Alors quelle est cette vérité que Jacques Godbout a cherchée peu à peu dans ses romans, dans ses documentaires, dans ses essais ?*

J. G. Je ne suis pas philosophe et encore moins un grand écrivain. D'ailleurs, je pense qu'il faut se méfier de ces formules qui prétendent simplifier la pensée, la création, la vie. Je n'ai jamais cherché une seule vérité, ce qui me semble être une démarche religieuse, un seul Dieu, une seule foi, une seule idée, un seul livre ? Les êtres humains sont plus complexes que cela, plus riches, plus étonnants, les écrivains aussi. S'il arrive souvent que l'on ne retienne qu'un livre d'un auteur, c'est que, pour soi, il est le plus réussi, celui qui a le moins vieilli, mais les autres possèdent aussi leurs secrets.

La vérité, et non pas « ma » vérité, c'est qu'à seize ans je voulais être journaliste, je m'imaginais grand reporter. Au moment où je terminais le bac, je fréquentais la fille d'un ponte de *La Presse*, j'aurais facilement obtenu un job dans ce journal. Et puis j'ai entrepris une maîtrise en lettres et rencontré celle qui est devenue ma compagne, je me suis détourné de *La Presse*, mais pas du journalisme. C'est ainsi que je suis allé faire une entrevue de l'empereur d'Éthiopie pour *Le Carabin*, qui était le journal des étudiants de l'Université de Montréal, vous connaissez la suite, le Roi des Rois m'invitait à visiter son pays, je ne refuse jamais une invitation.

Ainsi va la vie, tout dépend des rencontres que l'on fait. Je n'ai jamais travaillé dans un organisme de presse, j'ai fait du journalisme autrement. Notre existence découle de rencontres, une première improbable entre un spermatozoïde plus rapide que les autres et un ovule fécond. Le second rendez-vous incontournable est celui de nos géniteurs, notre vie entière sera formatée par leur culture, leur langue, leur classe sociale, leurs ambitions, le lieu qu'ils habitent. Nous rencontrons nos premiers amis dans le quartier de notre enfance, puis viennent nos premiers enseignants ; si les cousins et le reste de la famille nous sont imposés, nous devenons chaque jour de plus en plus libres de faire des rencontres inattendues. Chacune aura un impact sur le déroulement de notre vie amoureuse ou professionnelle, nous sommes des boules de billard électrique lancées sur un parcours lumineux, c'est une de mes références favorites, une *machine à boules* comme on en trouvait dans un coin, dans tous les dépanneurs.

Je reviens à la vérité. De journaliste à écrivain, le passage s'est fait par la poésie. Ma rencontre avec les camarades de la revue *Liberté* a été fondamentale, on ne peut imaginer le plaisir et la richesse des discussions que nous avions et le panache de nos envolées oratoires ! Que cherchions-nous ? Avec des mots, des textes, des livres, des articles, des prestations à la télévision et à la radio, des pétitions et des affrontements publics, nous allions débusquer la vérité de notre société, lui tordre le cou, la transformer, changer le cours de l'histoire. Excusez notre naïveté.

Les rencontres internationales annuelles que nous gérions depuis la revue, avec des écrivains invités de partout, nous permettaient d'établir des liens dans divers pays, elles s'additionnaient à la curiosité des journalistes français à l'égard du Québec que nous étions à construire, tout s'enchaînait. Si j'ai trouvé un emploi à l'Office national du film (ONF) où j'ai pratiqué le journalisme documentaire, c'est grâce à la rencontre d'André Belleau à *Liberté*. Si j'ai publié mes romans aux Éditions du Seuil, c'est grâce à la rencontre de Paul Flamand, son directeur, qui s'était déplacé de Paris à Montréal pour connaître les écrivains de *Liberté*. La vérité, c'est que toute rencontre est une promesse et peut devenir une inspiration. Chacun de mes romans est né de la rencontre d'ouvrages qui m'entraînaient, j'ai toujours écrit sous influence.

C'est cette philosophie qui m'a fait participer à la fondation de *Liberté*, à celle du Mouvement laïque, à la création des associations et syndicats de cinéastes, à la mise sur pied de l'Union des écrivains et enfin grâce à laquelle je ne suis joint aux Éditions du Boréal. Pendant les réunions et l'élaboration des stratégies de chacune de ces associations, je découvrais la générosité et l'intelligence de personnes que je n'aurais jamais connues aussi intimement autrement, que je n'aurais jamais appréciées à leur juste valeur. Rencontrer, comprendre, traduire en littérature, en images, est-ce que cela a été ma «vérité»? C'est certainement la clé de mon parcours.

M. B.-C. *Vous avez toute votre vie collaboré aux journaux ou aux revues, d'une manière ou d'une autre. Vous les avez vus évoluer de l'intérieur comme de l'extérieur. Vous avez même consacré un documentaire à la fin des journaux, comme si vous constatiez qu'ils connaissaient leurs derniers jours avec l'arrivée d'Internet. Et ce documentaire est venu avec la conversion généralisée de nos sociétés, en près de trois cents jours, aux médias sociaux! Les chroniqueurs et les éditorialistes en font l'expérience: ils disposent de moins en moins de mots pour écrire leurs textes. Peut-être est-ce même votre cas à* L'actualité *où vous tenez la chronique livre. Il y a dix ans, un éditorialiste écrivait en 1 000 mots ce qu'on lui demande aujourd'hui de faire en 400. Comment ne pas croire que la pensée finisse par rapetisser tellement on la corsète aujourd'hui dans un petit format? Mais peut-être est-ce le journal quotidien qui est périmé, dans un monde où les gens consomment leurs nouvelles en temps réel, à la minute près, ce qui ne favorise pas, on en conviendra, une grande perspective, une distance nécessaire à la réflexion. Croyez-vous qu'un nouveau format se substituera au quotidien – peut-être les hebdos regagneront-ils une place de choix dans la mesure où ils ne sont pas absolument collés sur la nouvelle du jour? Croyez-vous que les revues d'idées, qui semblent renaître aujourd'hui, occuperont, grâce à la révolution technologique, une plus grande place dans la cité? À moins que la pensée ne quitte peu à peu la cité pour redevenir le privilège d'une minorité déclassée et nostalgique?*

J. G. Un jeune Londonien de dix-sept ans vient de céder à un consortium numérique, contre plusieurs millions de dollars, un nouvel algorithme qui permet en un clic de résumer un article de journal pour le refiler sur les *smartphones*. Vous qui aimez faire long serez écourté pour le plus grand profit de Vidéotron, Rogers et compagnie ! À voir les millions d'abonnés qui passent leur temps à regarder comme des myopes leurs petits écrans, on peut imaginer l'importance réelle des textes transformés en *tweets*.

Cet inventeur a mis le doigt sur la maladie du siècle, faire vite : plus il y a de phrases qui circulent, moins l'on nous accorde de mots dans les médias traditionnels. Les graphistes de *L'actualité,* à chaque renouvellement de la maquette, me retirent quelques lignes de chronique. Je soupçonne que le but est de fabriquer un magazine qui conviendra visuellement d'abord aux ardoises électroniques. La référence esthétique sera donc celle des publicités télévisées. Mais les médialogues en sont encore aux essais et erreurs, ils tâtonnent. Y aura-t-il convergence ou spécialisation ? Pendant le tournage du documentaire *Derrière la Toile,* avec Florian Sauvageau, le plus étonnant était que personne n'osait, sauf les vendeurs de gadgets, prédire le sort des médias traditionnels. « Seuls les fumistes, insistait Sauvageau, prétendent connaître l'avenir. »

Cette question est débattue, vous pensez bien, dans les conseils d'administration des éditeurs de journaux, de revues, de livres. Chez Gesca, par exemple, qui publie *La Presse,* on croyait depuis quelques années qu'il faudrait dématérialiser le journal : d'un côté, les publicitaires négligeaient de plus en plus le papier pour investir dans des niches virtuelles, de l'autre, livrer à la porte de Jacques Godbout un quotidien matinal par camelot n'était évidemment pas le plus court chemin vers la rentabilité. Alors on m'offre désormais un abonnement gratuit au quotidien de la rue Saint-Jacques sur tablette numérique ! Vais-je m'en procurer une ? Ma femme et moi nous disputerons-nous à l'heure du café pour mettre le grappin sur l'appareil ? Chaque journal papier avait deux ou trois lecteurs, la tablette est un objet personnel : *La Presse* ne traînera plus sur les tables des salles d'attente, chez les garagistes ou les coiffeurs ? C'est un pari risqué. *La Presse* peut disparaître dans le cyberespace.

Un ami, administrateur chez Gesca, subjugué par l'idée, m'a raconté qu'une fois *La Presse* sur des tablettes, la publicité de voitures automobiles, désormais plus vivante, serait en concurrence avec les publicités télévisées ! Ainsi, dans *La Presse+,* on peut admirer à satiété les différents modèles et en changer la couleur à volonté. Et c'est sans parler des liens et hyperliens qui nous offrent le shopping maison. Jamais depuis que les gazettes, il y a plus de cent ans, ont commencé à publier des annonces pour maintenir leur bas prix on n'aura inféodé à ce point l'information à la publicité.

Chacun d'entre nous n'a qu'un nombre limité d'heures de vie disponibles que se disputent désormais l'ordinateur, les textos, les réseaux sociaux, les blogues, les *tweets,* la télévision, ses avatars sur la Toile, le téléphone nomade, les magazines, les journaux, les revues et nos hormones. Le monde des communications a déjà la même allure que les étagères des supermarchés envahies de boissons gazeuses toutes semblables malgré leurs différents sirops.

Comment éviter que les enfants ne deviennent les jouets du « murmure marchand » qui gronde de plus en plus fort et s'entend sur tous les continents, à toute heure, et jusque dans les recoins les plus secrets de la planète ? Comment maintenir la curiosité et la pensée des individus ? Déjà la situation est critique : saviez-vous que la moitié de nos concitoyens est incapable de décoder vos éditoriaux dans le *Journal de Montréal* ou les textes ironiques de Pierre Foglia ?

M. B.-C. *Il y a un plaisir à la vie des idées, et vous l'évoquez dans vos rencontres de la revue* Liberté, *qui a joué un grand rôle dans votre parcours intellectuel. Pardonnez-moi cette question toute biographique, mais quel rôle cette revue a-t-elle joué dans la vie des idées au Québec ? Qu'avez-vous trouvé, au fil de votre vie, dans de telles revues ? Et quel rôle en général jouent les revues d'idées dans une société ? En quoi sont-elles indispensables ? Ou plutôt, sont-elles encore indispensables ? Si vous deviez fonder une revue nouvelle aujourd'hui, quels seraient ses grands objectifs ?*

J. G. Dès ses débuts, *Liberté* se démarquait de *Cité Libre* et amorçait quatre débats essentiels dans la sphère publique : l'état de la langue, l'éducation, la culture, la souveraineté. Nous avons accrédité ces sujets parce que nous étions des écrivains sans autre ambition que la recherche de la vérité. Je ne dis pas que ces idées n'auraient pas pris corps autrement, mais elles ont été, grâce aux signatures de la revue, rapidement prises au sérieux dans les médias.

La défense de la langue française (Michèle Lalonde) et la laïcité (bibi) furent au départ les deux thématiques les plus importantes. Il y avait aussi l'affirmation de la tolérance (Fernand Ouellette) et la promotion de la culture québécoise dans toute son ampleur (André Belleau, Jean Larose *et al.*). Notre collaborateur Hubert Aquin choisissait de poursuivre la lutte politique au Rassemblement pour l'indépendance nationale (RIN), j'ai fait de même dans le Mouvement laïque de langue française (MLF), mais la majorité de nos confrères n'étaient pas des activistes, ils éclairaient les débats, ils pensaient notre monde. Sous la direction de Jean-Guy Pilon et de François Ricard, la revue a publié dès les premières années des textes remarquables, dont plusieurs servent encore de référence. Procurez-vous, si vous ne l'avez fait, le livre édité par le Quartanier à l'occasion des cinquante ans de *Liberté*, vous verrez la qualité du travail de nombreux collaborateurs.

La pensée critique n'avait pas de lieux d'expression autres que les petites revues, faut-il rappeler que le premier numéro de *Parti pris* est paru dans *Liberté* ? Ce sont les petites revues culturelles et politiques qui ont maintenu la réflexion sur les grands enjeux du pays. Dans *Liberté* s'affrontaient de manière civilisée diverses tendances de gauche et de droite. Quelques années plus tard, la société s'étant diversifiée, on trouvait en kiosque une trentaine de publications culturelles, littéraires ou politiques ! Les petites revues ont été des outils démocratiques essentiels : écrire, comme parler, est une façon d'éviter la violence.

Les *sixties,* comme on dit en France, sont une époque qui peut vous sembler aussi lointaine que le Moyen Âge, mais sachez qu'en ces temps-là, pour discuter et placoter, les hommes au Québec ne pouvaient se rencontrer que dans des tavernes, interdites aux femmes, ou encore dans des restaurants qui ne servaient d'alcool qu'avec des sandwichs et du céleri. Avant l'Exposition universelle de Montréal, il n'y avait pas de cafés-terrasses, nos villes n'étaient pas conviviales.

Placoter entre amis est l'un des grands plaisirs de la vie, vous faites le tour du monde, vous l'améliorez pour le sauver, vous réglez le sort des politiques, passez de l'admiration à la méchanceté, vous répétez des rumeurs qui font rire. Placoter est l'humus de la vie culturelle. Pour ce faire, après la Seconde Guerre, les uns s'étaient rassemblés autour de Paul-Émile Borduas chez les automatistes, les cathos de gauche se retrouvaient dans les bureaux de la Jeunesse étudiante catholique (JEC) ou de la Jeunesse ouvrière catholique (JOC). Nous avons préféré, en 1959, fonder une revue. C'est ce que nous avons entrepris pendant les soirs d'hiver dans le salon de Jean-Guy Pilon, rue Northcliffe, à « NDG ». Chacune des réunions de *Liberté* permettait d'oublier un moment le désert intellectuel montréalais. Nous placotions, puis nous discutions sérieusement d'un projet, des idées fusaient, les textes suivaient.

Je me souviens avoir rencontré Jacques Dufresne,

le philosophe, à la fin des années 1960, il rentrait à Montréal après des études en Europe, se demandant comment s'immiscer dans la vie culturelle de la tribu. Je lui ai suggéré de fonder une revue. Ce fut *Critère* et je crois que son *Agora* a aussi joué un rôle pendant quelques années.

Il y a une dimension matérielle essentielle dans la production d'une revue, je ne parle pas du choix de l'imprimeur ou de la quête des abonnements, mais de la réunion systématique de filles et de garçons qui partagent certains objectifs et qui acceptent la critique de leurs collègues au cours des rencontres éditoriales. Les revues savantes ou universitaires pourraient être aujourd'hui (ou devraient être) publiées sur Internet, l'objectif de promotion professionnelle qui les sous-tend serait atteint. Il n'en va pas de même des petites revues d'idées et de création dont les signatures sont des repères culturels.

Les petites revues d'idées sont éphémères par définition, car les équipes s'épuisent ou se dispersent. Au Québec, la revue *Liberté* a été une exception, elle a vécu des moments remarquables et d'autres plutôt faiblards, mais les équipes se sont renouvelées à temps, de génération en génération, dominées tantôt par les poètes, tantôt par les essayistes et les romanciers, aujourd'hui cette revue a pour la première fois en cinquante ans changé de format. L'équipe actuelle est proche de la dramaturgie, elle me semble bien vivante, même et surtout parce que certains articles parus dans *Liberté* ces mois-ci n'auraient pas été publiés au temps où mes amis et moi y siégions! Les critères changent. Au fait, on m'avait censuré pour la publication d'un article de mon ami Gilles Constantineau sur le comportement éthylique de l'évêque de Trois-Rivières ! Aujourd'hui, on évoque publiquement les sévices exercés par des rédemptoristes pédophiles sur des garçons qui leur étaient confiés. Mais il fallait taire ces choses. J'ai démissionné du poste de directeur, et le numéro 15-16 de *Liberté*, annulé à la vente, est devenu un objet de collection.

Vous me demandez quelle revue je lancerais aujourd'hui ? Je n'en fonderais pas une nouvelle, il y en a déjà beaucoup, et j'ai hélas passé l'âge de ce genre d'aventure, je tenterais plutôt de m'associer à une petite revue existante, la plus ouverte, la plus libre, la plus originale. Pour l'instant, je suis heureux d'ajouter à l'occasion mon grain de sel dans l'une ou l'autre de celles qui existent déjà.

M. B.-C. Vous m'avez fait découvrir, il y a quelques mois, un de vos livres qui m'avait échappé : L'Écrivain de province. *Il m'a à ce point renversé que je me suis mis à tenir aussi un journal ! Il m'a renversé, je dis, parce qu'il y a là une manière d'écrire et de penser qui consiste à noter des observations sur le siècle sans chercher à l'avaler dans une théorie ou une analyse définitive. C'est un art tout à fait singulier que de tenir un journal. J'en retiens une autre chose, toutefois : à travers ce journal, c'est le monde que vous observez. Sans trop vous tromper, qu'il s'agisse de la valeur de la société libérale, de la crise à venir de la société multiculturelle. Mais y a-t-il quelque chose sur quoi vous vous êtes fondamentalement trompé ? Que vous annonciez et qui n'est pas arrivé ? Que vous espériez raisonnablement et qui a échoué ?*

J. G. Guillaume Lamy, chroniqueur et éditeur à ses heures, m'a demandé l'autre jour s'il y avait un livre que je regrettais d'avoir publié. Aucun, et surtout pas *L'Écrivain de province,* dont le titre est une réponse à l'une de vos angoisses : à défaut d'être né dans une grande nation, rien ne vous empêche de parcourir le monde et de le commenter. Vous appréciez ce que permet le journal intime ? Il est vrai que la description du quotidien autorise la plus grande liberté qui soit, puisque le contingent y devient prétexte à la réflexion. Par exemple :

« Mercredi, le 30 janvier 2013

« Nous avons entrepris ces échanges au soleil de juillet l'année dernière, et nous voilà, après un automne d'arrêt, dans un hiver en dents d'égoïne, neigeux, doux, glacial (notre lave-vaisselle s'est même étouffé de froid). Aujourd'hui la pluie fouette les vitres de la maison, demain le mercure redescendra, expression qui deviendra bientôt désuète, le mercure est désormais un métal proscrit. »

« Pourquoi est-ce que je réponds ici aux questions de Mathieu Bock-Côté ? Parce qu'elles me stimulent. J'ai répondu à tant de questions dans ma vie que je ne croyais pas en entendre de nouvelles. Et j'aime bien le point de vue de Sirius, la distance, l'émerveillement, l'analyse. J'irais jusqu'à affirmer que ce questionnement est un cadeau que je n'attendais plus. MBC est un intellectuel d'exception, sa faconde étourdit, surtout il affirme rarement des lieux communs. Ce n'est donc pas aisé de lui offrir des réponses, je sais que je ne réussirai jamais à lui mentir, il me relancerait, me faisant avouer ce que je préférerais éluder.

« À la lecture de *L'Écrivain de province*, journal des années 1980, Mathieu se demande quel était mon besoin maladif d'avoir raison en tout. Me suis-je déjà trompé en jouant au prophète ? La réponse est que je disposais à l'époque de plusieurs sources de renseignements qui me servaient à analyser la société : je voyageais énormément, au pays comme à l'étranger, chaque documentaire que je tournais me permettait de fréquenter un milieu nouveau autrement inaccessible, mes collaborateurs étaient des gens plus jeunes que moi et avisés.

« L'été venu, en vacances, je retrouvais chez les cultivateurs-pêcheurs de L'Isle-Verte le Canada français d'un autre siècle, les week-ends des autres saisons, les habitants de Saint-Armand, en Estrie, m'entretenaient de la vie rurale contemporaine, la semaine, à Outremont, mes amis écrivains et universitaires m'amenaient promener dans le ciel des idées. Un beau-frère m'avait surnommé Cadet Rousselle, parce que je possédais trois demeures, elles ne m'avaient presque rien coûté et nous ouvraient, à toute la famille, des fenêtres sur la géographie humaine et physique du Québec.

« Puisque je rédige un journal intime, avouons tout allègrement, j'avais d'autres pistes de réflexion : ma conjointe, dans l'enseignement public à Montréal, inventait avec ses collègues du ministère de l'Éducation les cours des classes d'accueil pour les enfants immigrés, mon fils Alain travaillait dans le réseau de la santé, ma fille Sylvie, dans les communications, leurs conjoints, Paule Brière et Rémy Simard, étaient des écrivains, nos quatre petits-enfants passaient du primaire au secondaire au collège, aujourd'hui à l'université, je refaisais chaque fois mes classes. Et, pour résumer le tout, ma compagne ne me laissait penser ni dire n'importe quoi : comment ne pas raisonner correctement avec pareil sondage à sa portée ? Jean-François Lisée se moquait même de moi en suggérant que je représentais l'opinion du Québécois moyen !

« Mais je n'ai jamais prétendu à l'infaillibilité (avez-vous songé que l'un de nos concitoyens, Marc Ouellet, a bien failli devenir infaillible ?). J'ai parfois erré en portant des jugements sur des femmes et des hommes qui m'ont déçu. Mais j'ai certainement déçu plein de gens de mon côté. Sur le plan des objectifs politiques, je me souviens avoir espéré, à vingt ans, un Québec laïque, socialiste et indépendant. Nous sommes loin du compte. Je ne vais pas me frapper la tête contre les murs : au fond, je n'ai tout simplement pas obtenu ce que je souhaitais. Était-ce même souhaitable ?

« Depuis l'enfance, je me protège d'ailleurs contre toute déception derrière un bouclier rationnel. J'aime bien gagner, mais j'accepte volontiers la défaite, les insultes ne me touchent guère, elles m'amusent. Dès l'âge de sept ou huit ans, je regardais agir mes parents comme derrière une glace sans tain. Mère, père, oncles, tantes ou cousins tenaient un rôle précis que je leur reconnaissais dans mon roman familial, ils m'aimaient ou me détestaient, mais ils ne pouvaient me décevoir : je n'avais aucune confiance en eux. Personne n'allait, même en me punissant, me faire pleurer ou me soumettre à sa volonté. Au collège, pendant huit ans, j'ai tenu tête à des jésuites, ce fut un jeu éducatif.

« Pour les émotions, hier comme aujourd'hui, je vais au cinéma pleurer dans le noir. Je n'avouerais rien de cela ailleurs que dans un journal intime. »

M. B.-C. Une question bien personnelle. Vous êtes un homme qui a obtenu la reconnaissance de sa société. Le Québec vous considère comme un de ses grands écrivains. Vous avez obtenu à la fois la reconnaissance des institutions et celle de votre génération, et on lit vos œuvres dans les cégeps et les écoles secondaires. Vous avez été reconnu pour votre œuvre de romancier, d'essayiste, de cinéaste, de poète. Notre société serait-elle encore capable de reconnaître un véritable artiste ? Je précise le sens de ma question : aujourd'hui, la reconnaissance vient de la capacité qu'a quelqu'un à se faire coopter par le système médiatique. On ne reconnaît plus son œuvre, mais on reconnaît sa capacité à rejoindre le star system. *Comment un écrivain peut-il évoluer dans un tel système ? Je ne veux pas jouer un chant funèbre, mais risque-t-on d'assister au déclin de la littérature ou à son refoulement dans les marges du système médiatique, à la manière d'un « produit de consommation confidentiel » ?*

J. G. Cher Mathieu, je n'ai pas mon double au musée Grévin, et ma notoriété est limitée. Je sais que cela n'est pas flatterie de votre part, mais votre façon empathique de voir le monde vous pousse à l'exagération. Vous êtes, et c'est l'une de vos grandes qualités, un enthousiaste. Nous correspondons de façon intermittente depuis bientôt dix mois, l'hiver a été long, ce projet de livre m'a tenu à cœur même dans les moments de dormance. Aujourd'hui, en ce samedi 30 mars 2013, le soleil s'est pointé pour la première fois de façon chaleureuse. Je rentre d'un petit périple en voiture dans le Mile-End tout à côté et c'était fabuleux de voir des êtres humains immobiles, debout sur leurs balcons ou dans les marches d'escaliers, le visage tendu face à Galarneau, comme des ours qui se réveillaient en ce printemps tardif. Que demander de plus ?

La reconnaissance de la société est ambiguë. Dès mes premiers romans, la critique était élogieuse, et mes films ont été abondamment discutés. J'ai reçu plus que ma part de bourses, de prix et d'honneurs. La notoriété d'un auteur facilite la diffusion de ses propos, j'en ai amplement profité dans toutes mes sorties publiques. Dans les années 1950 et au tout début de la décennie suivante, les écrivains dont j'étais, qui publiaient régulièrement, se comptaient sur les doigts de la main : une vingtaine de poètes, une douzaine de romanciers peut-être, auxquels s'intéressaient les médias parce que la littérature était alors au cœur de la culture. Peu à peu se sont ajoutés de nouveaux auteurs et, jusqu'en 1977, l'année de fondation de l'Union des écrivains québécois (UNEQ), chaque livre importait, le show-business n'avait pas encore corrompu la télévision ni la radio, auxquelles collaboraient par ailleurs de nombreux écrivains.

Cette tradition s'est lentement érodée avec la dépendance à la publicité dans les années 1980. La culture du divertissement gagnant du terrain, les médias s'arrachant mutuellement l'audience, le modèle commercial s'imposait jusque dans les institutions publiques. Comment est-ce que je me suis maintenu dans cet univers ? Grâce à d'extraordinaires attachées de presse, aucun de mes livres, aucun de mes films ne passait inaperçu (je profite de l'occasion pour remercier, entre autres, Johanne Paquette, Gabrielle Cauchy, Mireille Kermoyan et Judith Dubeau). Mon omniprésence dans les pages culturelles en agaçait plusieurs. Ainsi se joue la notoriété.

Vous faites partie, Mathieu, du *star system* d'aujourd'hui, vous êtes même le seul intellectuel qui soit devenu rapidement un personnage drôle et récurrent dans une émission satirique. Vous vous êtes imposé par votre capacité d'analyse et votre érudition. Vous avez gagné des admirateurs et nourrissez la grogne de vos adversaires. Vous avez pris le monde médiatique à bras-le-corps. Que pouviez-vous faire d'autre ? J'ai agi de même dans un monde plus attentif et moins concurrentiel. Personne ne sait où les nouveaux outils vont nous mener.

Ce que l'on perçoit, cependant, c'est que 2012 a été une année charnière, peut-être même que les manifestations dans les rues de Montréal étaient symptomatiques d'un changement de paradigme. Le monde de l'édition a été fortement ébranlé par la baisse soudaine d'intérêt en librairie pour la littérature. Simultanément, plusieurs clubs vidéo, cette même année, ont déclaré forfait pendant que le public cinéphile désertait les salles noires. Le tapage des médias sociaux va-t-il augmenter ou se banaliser? La culture populaire va-t-elle se réfugier dans les téléphones à puce et les œuvres plus consistantes n'intéresser désormais que les *happy few*? Les séries américaines vont-elles remplacer le cinéma et la lecture? Il faut peut-être en parler aux cartomanciennes?

Cela dit, j'oscille entre le découragement et l'espoir, et si je songe à l'énergie innovatrice des «culturels» (comme on dit les «scientifiques»), je crois que nous allons voir naître une nouvelle galaxie de nouveaux projets et de nouveaux réseaux soutenus par des organismes plus légers que les institutions que j'ai fréquentées dans ma vie. Les médias de masse eux-mêmes sont en train de se métamorphoser. Je n'entends pas encore de marches funèbres, car les marges du monde médiatique sont plus larges qu'il n'y paraît. D'ailleurs les sociétés ne se renouvellent-elles pas en détruisant à mesure ce qu'elles ont adoré?

M. B.-C. *Vous êtes éditeur au Boréal. Et je le dis avec admiration, et en connaissance de cause, car vous êtes mon éditeur, vous êtes un remarquable éditeur. Mais vous êtes aussi l'éditeur d'Éric Bédard, de Benoît Dubreuil, de Guillaume Marois, de Joseph Facal. Et de bien d'autres auteurs! C'est vous qui avez fait une place dans la plus prestigieuse des* maisons québécoises à une génération d'auteurs qui cherchent, d'une manière ou d'une autre, à renouveler notre compréhension de la question du Québec. Je vous demande bien simplement : qu'est-ce qui vous incite, aujourd'hui, à poursuivre votre travail d'éditeur ? Et question aussi importante : qu'est-ce qui fait le génie de l'éditeur, du bon éditeur ? Et je compléterais d'une dernière question : de quelle manière avez-vous commencé votre travail d'éditeur, et quel sens, au fil des années, des décennies, même, avez-vous donné à votre engagement au Boréal ?*

J. G. La joie que j'ai ressentie en recevant, en 1962, la lettre de Paul Flamand m'annonçant que les Éditions du Seuil allaient publier mon premier roman n'a eu d'égale que l'angoisse qui m'avait étreint lorsque j'avais mis à la poste les copies du manuscrit adressées au Cercle du Livre de France et aux Éditions de l'Homme, à Montréal, chez Julliard et au Seuil, à Paris. En soumettant *L'Aquarium* à quatre maisons, je m'avançais prudemment. Il y a des éditeurs qui ne savent pas ce que c'est que d'attendre une réponse à un manuscrit, je n'ai pour ma part jamais oublié ce sentiment d'inquiétude : est-ce que ce travail était lisible, intéressant, allait-on le publier ? Aujourd'hui, toute personne qui le souhaite peut mettre son livre en ligne, comme on dit, mais ce n'est certainement pas la même chose que de rencontrer un éditeur, signer un contrat, entrer dans une maison, faire partie d'une famille d'auteurs.

Je ne sais pas éditer un roman et non plus évaluer un scénario de long métrage, je distingue le bon manuscrit du médiocre, mais je ne saurais jamais enrichir ou encore structurer une œuvre de fiction comme sait le faire Jean Bernier, par exemple, au Boréal. C'est un métier exigeant qui demande à la fois empathie et humilité. Quand il s'agit d'éditer un essai, je me sens plus à l'aise, je sers de passeur et je le fais avec plaisir chaque fois, mais ce qui m'intéresse au plus haut point, c'est de découvrir des auteurs qui ont du style et une pensée. C'est ce qui m'a amené à vos amis et à vous. Évidemment mes collègues m'ont vite affublé d'une étiquette, je ne jouais pas dans le champ gauche avec votre équipe, mais les étiquettes m'indiffèrent depuis longtemps, car elles ne sont souvent que des boucliers derrière lesquels certains se cachent, à défaut de penser librement le monde. Ainsi, j'étais l'ami de Gil Courtemanche, situé à gauche, tout en éditant les livres de Richard Martineau, que l'on voit à droite. Gauche, droite ! Vraiment ? J'entends encore le sergent crier ces mots pour faire parader au pas notre peloton d'officiers cadets sur l'esplanade de la Citadelle de Québec, en 1952.

C'est le hasard et l'amitié qui m'ont amené au Boréal. Mes romans étaient diffusés depuis Paris jusqu'à ce que la compagnie Dimedia devienne responsable au Canada des Éditions du Seuil. Pascal Assathiany et Serge Théroux ont donc lancé *L'Isle au dragon*, en 1976, ce fut une aventure originale, je me suis rapidement lié à leur équipe, qui a par la suite assuré la diffusion de tous mes livres. Le succès de Dimedia était tel que le Seuil a fait venir Pascal Assathiany à Paris pour profiter de ses talents. Il était là-bas à la parution des *Têtes à Papineau* ; je me souviendrai longtemps de l'encadré qu'il avait placé en première page du journal *Le Monde* ! Puis, après être revenu à Montréal, Pascal n'a cessé de me relancer pour que je m'intéresse aux Éditions du Boréal, pour lesquelles Dimedia s'occupait de la distribution en librairie.

Je réalisais des documentaires à l'ONF et je n'avais pas le temps, si je voulais aussi écrire des romans, de céder à ses insistances. N'empêche, nous étions des amis, il insistait, Antoine Del Busso, qui dirigeait Boréal, faisait de même, Daniel Latouche m'a cédé ses parts dans la maison (c'était, je crois, en 1988), je me suis mis à travailler avec des auteurs, à soumettre des manuscrits. Je ne puis dire que je comprenais à fond l'art de fabriquer des livres, mais j'étais ravi de la liberté de l'édition littéraire qui n'avait rien à voir avec la lourdeur du processus de production cinématographique.

Pascal Assathiany allie une connaissance de la littérature à un sens inné du commerce. Il a d'abord été libraire à son arrivée au Québec, et quand il a pris la direction du Boréal, nous avons déménagé la maison, située dans la Côte-des-Neiges, rue Saint-Denis. Le génie d'un éditeur consiste dans l'art de bien s'entourer, Assathiany a toujours compté sur un comité littéraire diversifié pour solliciter les auteurs et discuter des manuscrits, ainsi que sur les représentants de Dimedia et de son service de presse pour la commercialisation. C'est ainsi qu'il a édifié, en quelque vingt-cinq ans, une maison solide et prestigieuse.

L'édition littéraire au Québec est une entreprise

fragile, le livre est un objet exotique pour la majorité des Québécois, mais avec l'apport de subventions gouvernementales et un certain appui des médias, les éditeurs réussissent à faire connaître tant bien que mal les parutions. Le succès d'un ouvrage, cependant, reste un mystère. J'ai édité des livres réussis qui n'ont pas trouvé les lecteurs qu'ils méritaient, je pense au *Personnage secondaire* de Carl Leblanc, par exemple. Je reste néanmoins à l'affût de voix nouvelles qui avancent des idées nécessaires. Il y a aussi des voix anciennes qu'il faut réentendre. Un bon éditeur est un être curieux, dans tous les sens du terme.

Le cinéma est une aventure d'équipe, la littérature, une entreprise solitaire. La revue *Liberté* permettait de briser cette solitude de l'écrivain, c'est aussi ce qui m'a poussé à fonder l'UNEQ. Comme j'ai toujours été préoccupé de tendre le témoin à une nouvelle génération, vous comprendrez mon attachement au Boréal, qui m'offrait, en prime, l'occasion de fréquenter de jeunes auteurs. C'est au Boréal que j'ai connu comme romanciers Monique LaRue, Lise Bissonnette, Robert Lalonde, Louis Hamelin et Neil Bissoondath, entre autres, dont les talents s'ajoutaient à ceux de ma famille littéraire d'avant 1980. J'y ai accueilli Émile Ollivier et Dany Laferrière. Une maison d'édition est aussi un sacré bureau de poste, on y reçoit de 800 à 1 000 manuscrits par année, ce qui offre un panorama extraordinaire sur les ambitions des alphabétisés.

L'art de lire

Et on commence à se demander si écrire ce que l'on a envie d'écrire, tout comme lire ce qu'on a envie de lire, est en soi une bonne chose.

J. M. Coetzee

M. B.-C. *On connaît cette lettre de Machiavel où il confesse son rituel de lecture :* « *C'est ainsi que, plongé dans cette vulgaire existence, je tâche d'empêcher mon cerveau de se moisir, je donne ainsi carrière à la malignité de la fortune qui me poursuit ; je suis satisfait qu'elle ait pris ce moyen de me fouler aux pieds, et je veux voir si elle n'aura pas honte de me traiter toujours de la sorte. Le soir venu, je retourne chez moi, et j'entre dans mon cabinet, je me dépouille, sur la porte, de ces habits de paysan, couverts de poussière et de boue, je me revêts d'habits de cour, ou de mon costume, et, habillé décemment, je pénètre dans le sanctuaire antique des grands hommes de l'antiquité ; reçu par eux avec bonté et bienveillance, je me repais de cette nourriture qui seule est faite pour moi, et pour laquelle je suis né. Je ne crains pas de m'entretenir avec eux, et de leur demander compte de leurs actions. Ils me répondent avec bonté ; et pendant quatre heures j'échappe à tout ennui, j'oublie tous mes chagrins, je ne crains plus la pauvreté, et la mort ne saurait m'épouvanter ; je me transporte en eux tout entier.* » *Il y a là quelque chose de très beau. Une ritualisation de la lecture. Avez-vous aussi votre rite de lecture ? J'ajouterais : avez-vous votre rite d'écriture ? Croyez-vous qu'on peut lire sans rite ?*

J. G. Quelle magnifique citation ! J'aimerais pouvoir dire de même, qu'abandonnant ma voiture dans la rue je pénètre chez moi, enlève mes bottes, mets un bonnet de laine et me glisse dans une chaude robe de chambre pour lire au coin du feu. Eh non ! Nous avons le chauffage central et l'électricité (bien que, chaque fois que j'appuie sur un interrupteur, je m'étonne de voir jaillir la lumière), des fauteuils confortables dans le boudoir où ma femme et moi avons pris l'habitude de lire. Je discute peu avec les grands hommes de l'Antiquité, mais souvent je contemple l'un ou l'autre de mes murs couverts de livres accumulés depuis des années, je furète dans nos bibliothèques, parcourant une page au hasard et généralement je trouve réponse à une question qui me tarabuste. Et puis, l'avouerais-je, je reviens comme l'aiguille de la boussole à des livres qui me confortent, *Les Mots* de Jean-Paul Sartre, par exemple, un ouvrage miroir pour tout écrivain. Et la référence fondamentale pour qui prétend écrire, les *Exercices de style* de Raymond Queneau.

Je lis très vite, sans avoir suivi de cours à cet effet, mais quand un texte est riche je me fais escargot pour en tirer tout le suc. Pour rédiger les chroniques mensuelles de *L'actualité*, je dois compulser plusieurs ouvrages à la recherche d'un essai qui soit à la fois original et grand public. Je l'évoquerai tout en me permettant quelques réflexions plus ou moins pertinentes. Il m'arrive peu souvent de lire à ma table de travail, sauf quand je parcours un manuscrit crayon à la main. Je n'aime pas associer lecture et travail, la lecture doit être hédonistique, comme disait un jeune jésuite de mes amis, qui a depuis défroqué sous mon influence.

M. B.-C. *Vous me parlez de votre rituel de lecture. Je vous demanderai aussi de me parler de votre rituel d'écriture. Comment écrivez-vous ? Le matin ? Le soir ? Ou indistinctement ? Écrivez-vous selon les saisons ? Devez-vous vous retirer hors de la ville pour commencer un roman, un essai ? Écrit-on de la même manière avec une plume qu'avec un clavier ? La question en est venue à m'obséder, tant celui qui écrit sur son ordinateur est à tout moment tenté par son courriel, par Facebook, par Twitter, par Google, et par tant et tant d'autres sollicitations qui sabotent la concentration nécessaire à l'écriture. Est-il encore possible aujourd'hui d'écrire et, plus fondamentalement, de se concentrer ?*

J. G. Je crois souffrir d'arithmomanie, cette obsession qui vous amène à ne pouvoir entreprendre d'écrire que si les objets sur votre table sont répartis de manière «logique». Les crayons à gauche avec une gomme à effacer, une règle de bois vers l'arrière, dans le coin droit du sous-main, un objet fétiche. Depuis soixante ans, c'est un phacochère en bois, sculpté au Kenya, auquel manque l'oreille droite. Je ne fume plus, mais il me faut un cendrier à portée de main, j'en possède un assez joli, fabriqué vers 1920, qui représente une baigneuse assise dans une bouée de sauvetage.

J'écris à la main sur du papier ligné posé sur mon grand bureau d'acajou qui, dans une autre vie, était occupé par deux employés se faisant face. D'un côté, donc, les brouillons, de l'autre, un petit ordinateur pour mettre le texte au propre, un PC de la compagnie Dell, si vous tenez à tout savoir. Mais se concentrer n'a rien à voir avec le numérique, c'est une question de volonté et d'habitude. Les liens et hyperliens sont des sirènes, il faut parfois se boucher les yeux comme Ulysse les oreilles. Certains amis écrivains s'installent dans des cafés pour entendre un bourdonnement qui les protège de toute distraction. Une sorte d'acouphène de protection. D'autres vont s'enfermer en cellule chez les trappistes derrière le mur du silence forcé.

Pour le reste, les rituels d'écriture m'ont été imposés par la vie de famille. Au début j'écrivais tard le soir et jusque dans la nuit quand dormaient les enfants, dix ans plus tard ils allaient à l'école et libéraient mes matinées, j'étais au travail dès sept heures devant mes feuilles blanches, la plume Waterman à la main. Pendant près de cinquante ans, j'ai alterné entre l'écriture d'un livre et la réalisation d'un film, j'ai donc appris à m'adapter, lire en voyageant, noter des images dans des carnets que je perdais régulièrement, des bribes de réalité que je découvrais en tournage se retrouvaient souvent dans des chapitres de mes fictions. Aujourd'hui, c'est selon, mais habituellement après une courte sieste, l'après-midi, j'écris, c'est ainsi que je réponds à vos questions en ce moment. Il est seize heures vingt. Le soleil envahit le faîte des érables devant chez moi. Tout à l'heure, comme Machiavel, mais avec moins d'esprit que lui, j'ouvrirai un livre pour entrer dans le sanctuaire de la littérature.

M. B.-C. *Il y a quelques années, dans un échange public avec un journaliste québécois, vous confessiez votre attache-*

ment à la *civilisation du livre*. Je dis bien civilisation : parce qu'un livre n'est pas qu'un texte porté par une plate-forme indifférente, comme je ne sais quelle tablette à la mode, c'est un objet qui témoigne d'un certain rapport à la culture. Et pourtant, nous sentons bien que ce monde nous échappe. Les amoureux de l'avenir nous obligent à nous réjouir. Vous n'en faites manifestement pas partie. Je pose alors la question : que perdons-nous avec la disparition de la civilisation du livre ? Que perdons-nous avec la « virtualisation » du livre ? Y gagnons-nous quelque chose ? Et croyez-vous qu'il restera une place pour les livres, qui ne sera pas seulement celle que leur réserveront de vieux fétichistes, comme ceux qui collectionnent les microsillons ?

J. G. Votre question m'arrive par courriel et vous me proposiez, avant d'envisager la publication d'un livre, de diffuser mes réponses dans votre blogue ! Nous ne parlons pas de l'avenir, mais du présent. Quand la télévision est entrée dans les chaumières, j'avais vingt ans, il m'arrivait encore de devoir couper les pages d'un livre. Le coupe-papier et l'écran cathodique se côtoyaient sur la table. On est toujours porté à croire que les changements technologiques provoquent des mouvements radicaux et soudains, mais habituellement cela se fait en douceur.

J'ai assisté à la fin de l'hégémonie de la culture littéraire, il n'y a pas eu de manifestations dans les universités. J'ai cru (avec d'autres) que l'audiovisuel allait devenir un outil de plus dans la démarche du savoir et de la communication. Et puis, tout a lentement dérivé, le commerce s'est emparé des ondes, et la télévision est devenue un leurre pour ferrer les citoyens et les métamorphoser en purs consommateurs. Le murmure marchand s'est transformé en vacarme. Aujourd'hui encore, le livre est toujours là pour vous protéger des démarcheurs.

On peut regretter la civilisation de l'imprimé et entrer néanmoins de plain-pied dans le virtuel, ce n'est ni bien ni mal, mais les férus d'Internet comme les chantres de la tablette numérique doivent se rappeler que ces outils servent surtout de rouages publicitaires à une nouvelle économie. Que va-t-on perdre ? Un certain rapport au monde, on ne flâne pas impunément dans une librairie ou une bibliothèque, la curiosité ne sera plus nourrie de la même manière, les lecteurs se spécialiseront, ce à quoi les invitent déjà les librairies virtuelles par leurs « suggestions de lecture », on perdra l'habitude du partage intellectuel ou sentimental : vous pouvez donner ou prêter un bouquin, mais, à moins de vous défaire de votre tablette, vos livres sur écran ne seront que pour vous, d'ailleurs vous les avez loués, vous n'en êtes pas propriétaire.

Il est vrai que je reste réticent à me procurer le dernier gadget, même si j'apprécie la grande utilité des techniques. Je me souviendrai toute ma vie de mon oncle Paul qui, à la fin de la Seconde Guerre, était revenu d'un voyage à New York avec, comme cadeau pour mon père, un stylo-bille, d'invention récente. « Ce qui est extraordinaire, affirmait-il avec enthousiasme, c'est que tu peux écrire sous l'eau ! » Quand son frère lui a répliqué qu'écrire dans une baignoire n'était pas dans ses habitudes, l'oncle avait été profondément déçu.

J'aime la calligraphie, le dactylographe ne m'a jamais intéressé, j'ai prétendu pendant des années créer de l'emploi en confiant à une secrétaire mes manuscrits à transcrire, et puis un jour ma fille Sylvie a installé sur la table de travail un vieil ordinateur en espérant que je l'apprivoise, je n'ai cessé de l'utiliser depuis. C'est aussi avec des ordinateurs que j'ai pu travailler au montage de mes derniers documentaires, c'était la liberté de création au bout des doigts ! Il faut avoir manipulé du 35 mm dans une Moviola, comme je l'ai fait au début de mon apprentissage, pour mesurer les vertus des nouveaux systèmes de montage. Le cinéma n'est pas disparu avec la pellicule argentique. Le livre ne disparaîtra pas avec les tablettes électroniques. Ma technophobie n'est pas un modèle de comportement.

L'avenir ? On peut espérer que si les enfants apprennent à lire et à compter sur des tablettes numériques, non seulement leur sac d'école sera plus léger, mais peut-être qu'adolescents ils découvriront le livre comme un nouvel objet de liberté ou de collection. Vous citez les vinyles. Et puis qu'importe, la loi de l'offre et de la demande ne sera jamais abolie par un prêche. Cela dit, n'oublions pas l'essentiel : la lecture demande de la concentration, une sorte d'absence au monde, c'est une démarche solitaire et exigeante. On raconte que, depuis l'ordinateur et les téléphones intelligents, on n'a jamais autant lu et écrit. Lu quoi, écrit quoi ?

M. B.-C. *Je reviens sur votre activité de critique. Depuis je ne sais combien d'années, vous tenez la chronique des livres dans* L'actualité. *Vous avez rassemblé plusieurs de vos textes dans un très beau livre,* Lire, c'est la vie. *Peut-être est-ce une obsession d'intello, mais j'ai souvent l'impression que la place réservée aux livres dans notre espace public est minime. Comme s'ils n'irriguaient pas encore la culture. Comme s'ils demeuraient une passion spécialisée. Comme si notre société n'était toujours pas passée de la culture orale à la culture livresque. Je me trompe ? Et pardonnez la question de politicien, mais croyez-vous que nous pourrions un jour corriger cette tare culturelle ?*

J. G. Il faut remonter au Livre originel. Chez les protestants et chez les juifs, on encourage la lecture des livres saints, leur exégèse, les remises en question, les interprétations, d'où les différentes dénominations protestantes et les diverses synagogues. Dans l'Église catholique, l'autorité papale, déléguée aux membres du clergé, est en place pour vous dire ce qu'il faut penser. En pays latin, la Bible n'était pas à mettre dans toutes les mains. Celles que l'on trouve dans les tiroirs des chambres d'hôtel ne partent pas d'une initiative catholique !

Il m'apparaît que, dans l'histoire longue du Québec, l'Église catholique canadienne-française a abusé de son autorité, le peuple était son sujet, elle le voulait naïf et soumis, et n'a donc jamais encouragé la lecture, au contraire, refusant l'instruction publique obligatoire et rejetant les projets de bibliothèques. En lettres à l'Université de Montréal, en 1953, nous lisions Balzac dans une édition expurgée. La censure des livres, l'Index, comme la censure des films et de la télévision au Québec jusqu'en 1967, expliquent en bonne partie les réflexes d'aujourd'hui.

Il ne faut pas non plus sous-estimer la pauvreté, la très grande pauvreté de notre population jusque bien après la Seconde Guerre mondiale. Dans les années 1950, des enfants jouaient pieds nus dans les ruelles du quartier Hochelaga. Encore aujourd'hui, de nombreux élèves arrivent en classe le matin sans avoir pris une bouchée. Il y a plus d'analphabètes à Montréal qu'à La Havane. Combien d'écrivains, de professeurs, d'hommes d'affaires s'étonnent de leur parcours et s'en vont répétant qu'il n'y avait, dans leur enfance, aucun livre à la maison !

Le jour où les livres (la pensée) irrigueront la culture populaire québécoise comme dans les sociétés européennes n'adviendra probablement pas de sitôt. Il y a eu rencontre parfaite entre le goût inné de s'amuser des Canadiens français québécois (attesté par les documents historiques) et l'avènement de la culture du divertissement : télévision, voyages, spectacles, concerts, cuisine, cirques, jeux numériques, humour, vedettes, pub, festivals de la crevette, du cochon ou du homard, on n'a plus de temps pour les livres qui, par définition, ne sont pas conviviaux. Les Canadiens français avaient trop fait pénitence, les Québécois ont découvert le plaisir, peut-on leur en vouloir ?

Quand j'étais écolier, au cours primaire, les meilleurs élèves recevaient en prix de fin d'année des livres dorés sur tranche aux couvertures cartonnées qui étaient souvent les premiers ouvrages rapportés à la maison. On les retrouve aujourd'hui dans les brocantes. Mais il n'y a plus de livres distribués en fin d'année, ose-t-on même accorder des prix d'excellence dans nos établissements démocratiques et égalitaires ? La lecture demande une initiation. Combien de filles et de garçons ne mettent pas les pieds dans une librairie parce qu'ils ne savent comment s'y comporter ? Voyez l'état piteux des bibliothèques scolaires. Voyez comme les enseignants hésitent à exiger que leurs élèves lisent plus que quelques ouvrages par session. La culture québécoise est postlittéraire. Alors comment espérer corriger cette déficience culturelle ? La réponse est politique, vous le savez comme moi. Avez-vous une idée de ce que lisent nos députés ?

M. B.-C. *Oui. Ils lisent des rapports de recherche et des textos. Des livres ? Celui qu'il faut lire sur la plage, probablement. Mais je ne crois pas que les grandes œuvres informent leur vision du monde. Et je m'en désole. Et je crois sincèrement qu'il faudra de nouveau éduquer les sentiments et les passions pour irriguer la démocratie. Vous avez, avec d'autres, fait un jour le projet d'une littérature québécoise. C'était, pour votre génération, une manière d'accéder à l'universel à partir de ce que Fernand Dumont nommait l'« emplacement québécois ». Je me réfugierai dans un cliché : imaginez un jeune lecteur. Il veut connaître la littérature québécoise. Il veut aussi connaître la littérature française. Mais il ne sait pas par où commencer. Il ne sait pas par quelle œuvre entrer dans cela. Si vous étiez son guide, son initia-*

teur à cette culture, que lui conseilleriez-vous ? J'ajoute une question : qu'est-ce qu'un classique, pour vous ? Quels sont les livres sur lesquels vous revenez toujours, ceux que vous ne cesserez jamais de relire ?

J. G. Il y a quelques années, cette question allait de soi : toute nation avait une littérature nationale, au Québec, l'étude de l'histoire de la littérature française, suivie de celle de la modeste littérature canadienne-française, était un passage obligé. Le jeune lecteur y découvrait la façon dont le français s'était modifié, apprenait à connaître par bribes l'histoire politique et intellectuelle, et à se souvenir de quelques grands auteurs et textes importants. L'histoire de la littérature française jusqu'à la Seconde Guerre mondiale ne pose pas problème, celle de la littérature québécoise, qui devrait prendre le relais, n'est pas facile à structurer : elle est très jeune, le choix des œuvres est d'autant plus difficile que de nombreuses écoles critiques sont apparues dans ces mêmes années. Qui pourrait fixer le canon ? Doit-on enseigner des œuvres purement littéraires d'abord, ou des œuvres qui ont accompagné ou marqué l'histoire politique du Québec ? Un classique est une œuvre enseignée en classe, mais au Québec toutes les œuvres peuvent s'y enseigner. De nombreux professeurs ont même mis leurs propres romans au programme. En fait, on peut dire que les difficultés que nous avons comme nation à consolider une histoire nationale sont les mêmes que connaît l'enseignement de la littérature nationale.

Ajoutons que la mondialisation est venue perturber l'idée même de littérature nationale, comme elle a transformé les enjeux économiques et politiques. Vous trouvez en librairie des œuvres d'écrivains majeurs du monde entier. Pour utiliser une de mes métaphores favorites, il en est aujourd'hui de la lecture ce qu'il en est de la restauration : à Montréal, vous pouvez goûter à toutes les cuisines du monde et passer de l'une à l'autre suivant votre humeur. Peut-on imposer à qui que ce soit de ne manger que de la poutine ? Si le nationalisme culinaire est absurde, qu'en est-il de la littérature ?

J'accompagnerais votre jeune lecteur dans une librairie et je me contenterais de répondre à ses questions. Le déclenchement d'une passion est imprévisible, un livre qui vous a ouvert l'esprit, un roman qui vous a séduit, des poèmes qui vous ont révélé d'étonnantes réalités laisseront hélas une autre personne totalement indifférente. Ce livre déclencheur existe, vous l'avez sûrement rencontré, pour moi ce fut, dans une édition illustrée, *Les Voyages de Gulliver* de Jonathan Swift, j'avais huit ans.

M. B.-C. *Vous vous sauvez. Vous ne voulez pas poser au professeur, ce que je comprends un peu, mais vous êtes un homme de culture, soucieux de la transmission de la culture. Alors je reprends la question : vous dites que vous accompagneriez notre jeune lecteur dans une librairie. Que lui suggéreriez-vous ? Il y a les classiques en général, puis il y a les classiques que lit et relit Jacques Godbout. Quels sont les livres qui ont fait votre éducation morale, ou peut-être même votre éducation politique ? Si un jeune ami insistant et de* *bonne foi vous demandait ce qu'il ne peut pas ne pas lire, vous auriez une réponse pour lui ? C'est une autre façon de poser la question de l'ouverture sur le monde. Vous le disiez de manière amusante et triste en 2008 : « La bonne idée aurait été de concevoir un cours de littérature mondiale pour enseigner l'histoire des cultures, dans lequel Rabelais, Shakespeare, la Bible, Dostoïevski, Cervantès ou Kundera se seraient retrouvés. Mais le ministère de l'Éducation a préféré offrir un cours d'éthique et de culture religieuse. » J'ai l'impression qu'aujourd'hui, l'ouverture au monde ne passe plus par l'appropriation des grandes œuvres que chacune a engendrée, mais par la réduction de la diversité du monde à une caricature facile et gentillette de ce qu'on s'imagine les grandes civilisations, pour apaiser tout conflit possible entre elles. Comment, si ce n'est par la littérature, la philosophie, l'histoire, ou, bien évidemment, le voyage, peut-on vraiment s'ouvrir au monde ?*

J. G. Et si je ne veux pas « poser au professeur », c'est que je n'ai rien d'un pédagogue. J'ai découvert cela il y a très longtemps, aux dépens des élèves de l'University College d'Addis-Abeba. J'avais vingt ans, une petite moustache blonde pour me vieillir, je me revois une craie à la main, le tableau noir derrière mon dos, debout devant des étudiants musulmans et coptes plus âgés que moi qui se demandaient ce que ce jeune blanc-bec allait raconter. J'avais été choisi pour leur enseigner les prémices de la philosophie occidentale ! Dans le silence de la classe, avant même d'ouvrir la bouche, j'ai immédiatement saisi que je n'étais qu'un imposteur. De quel droit allais-je affirmer quoi que ce soit ? Je ne croyais ni en Dieu ni à la supériorité de notre culture, la moitié de mes étudiants pensaient sincèrement la terre plate, comme on la leur avait présentée à la mosquée. J'aurais pu paniquer, j'ai crâné, ce ne serait pas la dernière fois. Évidemment, j'aurais dû me fier au manuel, pour m'en sortir, mais je refusais les recettes, les idées reçues, les programmes, l'autorité.

Ce cours de philosophie fut une catastrophe, car je me mis à faire part dès le début de mes doutes existentiels, je ne sais qui porta plainte, la direction du collège me retira rapidement la classe de philo pour me confier l'enseignement du français par les textes ! Je prenais la relève d'un professeur en congé de maladie qui avait choisi *Bouvard et Pécuchet,* le roman des désastres intellectuels ! Flaubert avait-il pensé à moi ? Enseigner m'ennuyait profondément, car, pour être un bon pédagogue, il faut avoir confiance dans ce que l'on enseigne, y accorder une valeur intrinsèque et surtout posséder la patience de répéter, sous diverses formes, le même discours jusqu'à ce qu'il soit enfin compris de tous. Je préférais de beaucoup aller à la chasse dans la brousse, dormir sous la tente, me lever avant le soleil pour m'approcher des points d'eau où venait boire le lion. Enfin, soyons honnête, je n'ai jamais vu de lion, seulement des gazelles et des phacochères. Mais j'étais meilleur fusil que pédagogue.

Donc, je ne me sauve pas devant votre question de transmission. Il faut sortir de soi. Je crois aux voyages et aux livres. Bien sûr, il y a les Grands Textes, les Classiques, et si je m'adressais à quelqu'un d'un peu sensible, c'est Villon qui me viendrait à l'esprit, car le poète était aussi un mauvais garçon, ce qui ne manque pas d'intérêt, et pour faire bonne mesure, un peu de civilité mélancolique avec Ronsard et peut-être un coup d'œil sur la folie romantique de Gérard de Nerval, le prince d'Aquitaine à la tour abolie, mais comment rejoindre un esprit du XXIe siècle ? La bibliothèque est semblable à l'espace sidéral, il faut espérer y trouver sa planète parmi les galaxies, chercher dans la nuit.

Personnellement, je n'ai pas d'auteur fétiche, je suis un omnivore, je lis encore aujourd'hui tout ce qui me tombe sous la main, magazines, dépliants publicitaires, nouveautés. J'ai commencé en déchiffrant les affiches sur les murs des édifices, puis les textes au dos des boîtes de céréales, ai poursuivi ma lecture avec le Petit Catéchisme de la province de Québec, les bandes dessinées de *La Patrie du dimanche* (eh oui ! nous avons déjà eu une Patrie !), la comtesse de Ségur, les fables de La Fontaine, les romans scouts, Roger Vaillant, Prévert, Malraux, Hemingway, Steinbeck, Giono, Sartre et Camus.

Je connaissais le nom d'Yves Thériault grâce à ses textes radiophoniques, mais j'ignorais tout de la littérature canadienne-française, qui n'était pas enseignée chez les jésuites. J'avais au moins eu le bonheur d'être invité chez mon voisin Louis Portugais, rue McKenna, au lancement de *Deux Sangs* d'Olivier Marchand et Gaston Miron, première publication de L'Hexagone. Quelques mois plus tard, Ghislaine m'offrait, en cadeau d'anniversaire, un recueil de poèmes de Roland Giguère ; la poésie m'ouvrait un sentier. Mais nous sommes partis pour Addis-Abeba, où les librairies ne comptaient aucun auteur canadien en stock. On y trouvait plutôt la série noire de Gallimard, Hasek, Kafka, Vonnegut Jr., Salinger, Queneau, et je ne sais combien de ratons laveurs. Ce n'est pas par hasard si j'ai publié un premier recueil chez Seghers en 1956, j'étais plus proche de Paris que de Montréal.

Je n'ai découvert qu'au retour la littérature de mon pays, Gabrielle Roy, Roger Lemelin, André Langevin... Aujourd'hui, tout lecteur a le choix entre une pléthore d'écrivains québécois, mais rien ne dit que ces œuvres sont des portes d'entrée pour votre jeune ami. Certains trouvent rapidement un filon qu'ils vont explorer, de chef-d'œuvre en chef-d'œuvre ; personnellement, je voulais tout savoir, tout lire, du meilleur et du pire. C'est encore ce que je pratique, cela dit je n'ai toujours pas lu Proust, malgré les admonitions de Denys Arcand, et ce n'est pas faute d'avoir essayé. Admettez que votre lecteur pourrait être entre de meilleures mains.

Le Québec, encore et toujours

Lorsqu'un peuple change de langue, ceux de ses citoyens qui les premiers accomplissent cette transformation, sont semblables à des hommes qui retombent dans l'enfance.

Johann Gottlieb Fichte

M. B.-C. *Vous avez souvent dit que les Québécois entretenaient un rapport particulier à la langue. Officiellement, nous y tenons. Et je crois qu'effectivement nous y tenons. Mais nous la maîtrisons très imparfaitement. Les mots ne viennent jamais pour nommer les choses. Nous nous réfugions aisément dans quelques mots clés à la mode qui masquent bien mal l'absence de pensée. En quoi l'inculture, ou les limites de notre maîtrise du français, contribuent-elles à une certaine impuissance culturelle québécoise ? Et peut-être même à une certaine impuissance politique ?*

J. G. Nous n'avons pas, au Québec, de problèmes de langue, mais un problème de langage. La façon que nous avons d'utiliser la langue révèle notre esprit. Notre langage devrait nous permettre de communiquer avec les francophones du monde, mais nous restons désespérément attachés à notre idiome. René Lévesque s'était convaincu de promulguer la loi 101, outre d'interdire l'école anglaise aux francophones, il espérait éliminer le « joual » et non pas l'anglais ! C'était l'époque où René Lecavalier, journaliste du sport, donnait de la noblesse aux soirées du hockey.

Robert Bourassa a par la suite proclamé, faut-il le rappeler, le français langue *officielle*, était-ce vraiment la peine ? Aujourd'hui une langue familière (souvent vulgaire) se retrouve sur toutes les scènes, c'est la langue pratiquée par plusieurs humoristes, des artistes de variétés, des comédiens de feuilletons télévisés, de nombreux enseignants et même parfois c'est aussi celle des échanges entre journalistes et universitaires. À propos de journalistes, prêtez l'oreille à ceux de la radio qui s'amènent souvent au micro avec une coupure de journal, du *New York Times* ou du *Globe & Mail*, dont ils veulent nous transmettre la substantifique moelle. Ils parlent alors un étrange charabia qui sent ce que Gaston Miron nommait le «traduidu».

On entend de moins en moins un langage relevé, savant ou tout bonnement respectueux des règles. Desquelles, du, dont, et le reste ont disparu. S'est ajouté le «çala» pour faire court. Qu'un journaliste à la radio répète «il est pas capable» plutôt qu'«il est incapable» me hérisse, il existe des mots et des locutions pour tout dire ! Nous nous privons des nuances que permet une langue qui a accumulé une richesse lexicale depuis mille ans ! Montréal est une ville menacée par la pauvreté du français beaucoup plus que par la langue anglaise. Chaque fois que Gaston Miron rentrait d'Europe il se désespérait de notre lexique famélique : «Porte, portière, portillon, portail, huis, disait-il, c'est fou ce qu'on peut ouvrir quand on a les mots pour le dire !»

Les petits enfants à qui les parents lisent des histoires illustrées apprennent un vocabulaire précis, ils parlent à trois ans «comme des livres», mais ils appartiennent à une classe privilégiée. C'est à l'école que cela se gâte, car on tient pour acquis que la majorité des élèves québécois d'origine canadienne-française parlent français. Ce n'est pas tout à fait juste. Certains utilisent en arrivant en classe une langue qui n'est ni grammaticalement ni syntaxiquement française, ils ignorent les accords, disposent d'un vocabulaire simpliste. Les enfants à qui on n'a pas lu de contes dans leur petite enfance auraient besoin d'un cours intensif de français langue seconde. Évidemment personne ne va proposer pareille insulte à la nation, alors les Québécois grandissent et vieillissent avec leurs approximations, bercés par le langage audiovisuel de leurs semblables.

Tous les croisés de la loi 101 devraient d'abord proposer aux Québécois de parler notre langue officielle, mais le sujet est sensible, allez dire à un Québécois de soigner son langage ! Il vous répondra que son langage n'est pas malade et se réjouira d'entendre un immigré emprunter son accent, se contentant des cinq cents mots de la langue familière. Au fond, ce rapport folklorique à la langue française de l'Ancien Régime est une autre manifestation d'un repli sur soi qui, paradoxalement, prétend être une affirmation identitaire. S'affirmer, c'est s'imposer au monde et non pas coucouner derrière ses frontières linguistiques.

M. B.-C. *Vous parlez de notre rapport folklorique au langage. Vous dites que, davantage qu'un problème de langue, nous avons un problème de langage. Je poursuis cette* *réflexion avant de la transformer en question. On le voit de plus en plus à Montréal : les jeunes générations « parlent le bilingue ». C'est-à-dire qu'ils parlent français et anglais dans la même phrase. Une étrange génération s'impose à Montréal : elle n'est plus québécoise, sans être devenue américaine. Elle est canadienne de 1982. Elle est « montréaliste ». Percevez-vous aussi cette étrange mutation du français en anglais, et de l'anglais en français, et y voyez-vous aussi l'apparition, dans la métropole du <u>Q</u>uébec, d'un nouveau peuple qui fait sécession culturellement du vieux peuple historique québécois ? <u>Q</u>uel monde cherche-t-on à nommer lorsqu'on parle cet étrange sabir ? Et je confesse ma crainte profonde : ne sentez-vous pas le déclassement social et identitaire, au nom de la postmodernité, des vieux <u>Q</u>uébécois dont vous êtes et dont je suis, comme si nous étions d'une culture périmée ?*

J. G. Je me souviens qu'en 1950 (j'avais seize ans) nous dansions le *slow* sur des musiques américaines. Nous écoutions les chansons de Frank Sinatra, de Sammy Davis ou de Dean Martin. Nous avions Hollywood plein la tête. À Radio-Canada, Guy Mauffette s'évertuait à nous rebrancher sur la France d'Édith Piaf, Félix Leclerc faisait ses classes à Paris, mais je n'aurais pas donné cher de l'essor du français à Montréal. Ces années-là, la description d'une voiture, du *bumper* au *muffler,* ne s'énonçait qu'en anglais, en passant par le *shaft,* les *brakes,* le *steering* et le *windshield.* Dix ans plus tard explosaient les boîtes à chansons, envahies par une brochette inoubliable d'auteurs-compositeurs du cru, qui chantaient le pays en français avant de se rendre en Europe triompher. Comment se fait-il que la langue des garagistes soit portée disparue ? L'imprévisible est toujours possible.

Il est vrai qu'à Montréal aujourd'hui le français est farci comme une dinde d'expressions anglaises ou de mots étranges. Cela s'explique peut-être par la pauvreté du lexique canadien-français dont nous avons hérité. Le vocabulaire de nos mères et pères, autarcique, ne suffit plus à décrire le monde qui nous entoure. Les Québécois n'ont souvent pas les mots pour exprimer ce qu'ils ressentent ou voient, alors ils passent à un mot d'outre-frontière qui arrive souvent avec le mode d'emploi des objets usinés. C'est ainsi que nous avons été assez bêtes pour qualifier d'« intelligents » nos téléphones. Mais ce qui est plus gênant, vous le soulignez, c'est le parler alternatif montréalais, une phrase en français, l'autre en anglais, pendant une conversation ordinaire. Tout se passe comme si, après avoir exprimé une opinion, il était nécessaire d'en confirmer l'énoncé par une locution anglo-américaine.

Laurence Anyways, le film de Xavier Dolan, offre un exemple « artistique » de ce langage, comme *Les Belles-Sœurs* de Michel Tremblay l'avaient fait pour le parler populaire montréalais. Avec Dolan, nous voilà dans une autre classe sociale, chez ceux que ma conjointe nomme les « Franglos ». Je crains que la métropole n'en compte de plus en plus, ça fait tendance, comme on dit, et vous avez raison ! Nos girouettes suivent la direction du vent d'Amérique. C'est aussi le symptôme d'une situation nouvelle, ces personnages souhaitent peut-être affirmer, ce faisant, qu'ils sont à l'aise dans les deux langues, qu'ils sont bilingues. Ceux qui *switchent* d'une langue à l'autre ne parlent pas, ils se donnent à voir. Je n'ose évoquer la dimension sexuelle du phénomène, Xavier Dolan nous y invite pourtant, Michel Tremblay tout autant. En art dramatique, ces marginaux transgressent les codes de la langue maternelle avec une allégresse poignante. L'ennui, c'est que certains en font des modèles.

Parler bilingue deviendrait donc valorisant pour un jeune Montréalais, qu'il soit d'ascendance française, anglaise ou fraîchement arrivé au pays. Mais pourquoi baisser les bras devant le «bilingue»? Les locuteurs vedettes du Plateau-Mont-Royal se sont tant moqués des belles voix et du bon parler de Radio-Canada qu'ils ont imposé leur accent ineffable à toute une génération de dramaturges et de comédiens! Les langues, et la nôtre particulièrement, sont des organismes vivants. Monique LaRue écrivait récemment que les 10 000 étudiants français qui vivent parmi nous pourraient jouer un rôle essentiel dans l'évolution du langage et avoir une influence inattendue. On en voit déjà quelques-uns dans les associations étudiantes prendre le crachoir, mais hélas la majorité vit en cocon comme le font les expatriés.

Il suffirait d'une stratégie (à débattre) pour que les parlers à la mode, mi-chair, mi-poisson, deviennent ridicules et disparaissent peu à peu. Je refuse cependant une date de péremption tatouée sur la langue, nous ne sommes pas, ni vous ni moi, des Québécois dépassés par la modernité, parlant une langue surannée. Si ce pays possède un avenir, vous le représentez beaucoup plus que l'amuseur Sugar Sammy, qui a saisi tout le ridicule d'une situation aberrante. J'aimerais surtout rappeler ce qu'André Belleau a magnifiquement énoncé, « nous n'avons pas besoin de parler français, nous avons besoin du français pour parler ».

M. B.-C. *Vous entretenez un étrange rapport avec le Québec. Vous n'avez pas le nationalisme passionné des vieux bleus. Vous n'avez jamais connu non plus la tentation du reniement, le désir de vous désaffilier de cette culture incomplète, mais qui demeure pourtant la vôtre. Chez vous, on sent que le Québec demeure une province à la périphérie de l'histoire, à la marge de l'universel. Je pense notamment au personnage principal de* La Concierge du Panthéon, *qui évolue comme un touriste perpétuel dans une culture française dont il ne maîtrise pas les codes, et qui se laisse encore bluffer par sa grandeur passée. Votre réflexion me semble proche de celle de Milan Kundera, qui disait des petites nations que leur drame était de n'intéresser qu'elles-mêmes. Croyez-vous qu'un jour le Québec parviendra à « universaliser » vraiment sa culture ?*

J. G. Prenons la mesure des choses et plutôt que d'évoquer l'exploration de l'Amérique par nos ancêtres, ou quelques faits d'armes, plutôt que de citer Papineau ou de se plaindre de nos maîtres les Anglais, plutôt que de dénoncer le pacte confédératif de 1867 ou la conscription de 1917, tentons de voir d'où nous venons : le peuple canadien-français a vécu dans la pauvreté et l'indigence de la Cession du

Canada à la Seconde Guerre mondiale et, après les rébellions de 1837-1838, sous la férule d'un clergé qui lui répétait dans les sermons du dimanche que l'essentiel était le ciel, tout en encourageant le Canayen à investir ses maigres économies dans la construction d'énormes églises, de luxueux presbytères et d'envoyer le reste de ses sous à Rome et aux missionnaires.

Les Canadiens français ne formaient même pas une petite nation politique et culturelle comme les décrit Milan Kundera, Québec n'était pas Prague, dans l'est de l'Europe, on n'y soufflait pas le verre, notre bourgeoisie exportait du bois d'œuvre aux États-Unis. À la fin du XIXe siècle, près d'un million de Canadiens français s'exilèrent en Nouvelle-Angleterre. Nous avions des églises, il y avait là-bas des usines. La famine menaçait, mon père m'a raconté qu'une maladie du blé (la rouille ou un autre champignon) avait poussé plusieurs habitants à abandonner leurs terres. C'est la dure histoire de notre pays, et je n'ai aucune envie de la renier et je ne serai jamais assez reconnaissant à toutes ces femmes et à tous ces hommes d'avoir patiemment lutté contre l'hiver, d'avoir cultivé les rives du Saint-Laurent, d'avoir élevé des enfants dans un milieu hostile, d'avoir, oui, *survécu*. L'est du Canada s'est enrichi, pendant la guerre de 1939, et je suis de la première génération à en avoir profité. Né au Canada français, j'ai participé à l'invention d'un Québec qui n'a que cinquante ans ! Nous avons dû nous détacher de Rome, puis prendre nos distances par rapport à Paris, mais nous sommes toujours dans l'aire d'influence de Washington.

Nous cesserons vraisemblablement un jour de penser en provinciaux, mais cela exigera du temps, du talent et des réseaux. Pour la majorité de mes concitoyens, « universaliser » notre culture veut dire faire circuler le Cirque du Soleil de Los Angeles à Moscou. Ce n'est pas méprisable. Nos auteurs-compositeurs-interprètes ont réussi à s'imposer dans la Francophonie. Plusieurs cinéastes québécois ont obtenu des prix prestigieux dans des festivals internationaux. Certains ont été invités à réaliser des films pour des maisons de production étrangères. Du côté des écrivains, la réussite est plus modeste, malgré de nombreuses traductions à l'étranger, mais aussi plus ardue, car Paris (toujours au centre de la littérature) célèbre d'abord les siens et ceux qu'il traduit en français, ce qui n'est pas encore pour nous le cas.

J'ai raconté, dans *La Concierge du Panthéon,* l'illusoire recherche de la reconnaissance parisienne. Le personnage, Julien Mackay, tient du touriste naïf et s'imagine, comme nombre de personnes, que n'importe qui peut écrire n'importe quoi, n'importe comment. L'art est une longue patience, l'universalisation, ça se construit, comme se construisent les nations. Cela dit, il y a des œuvres littéraires du XXe siècle québécois qui sont remarquables, mais souvent les romans, parce qu'ils offrent des variantes sur le thème du tricoté serré, semblent imperméables à l'exportation. Au Canada (anglais), les récits sont pour beaucoup l'œuvre d'écrivains issus de l'immigration dont les romans exotiques ont plus d'attraits que n'en possèdent les aventures des enfants du

Plateau-Mont-Royal. On ne va pas se plaindre de notre ascendance !

Le plus étrange, cependant, c'est que les succès à l'étranger de nos créateurs indiffèrent la population. Bien sûr, on aime être aimé, mais dans ce pays l'on privilégie encore les affaires de famille. Le modèle de réussite universelle par excellence est celle de Céline Dion qui a su cultiver un rapport familial intime avec le public du Québec (moi, Céline, maman Dion, ma sœur, mes enfants, mon mari dont la semence a été congelée, et voyez ma maison en Floride) tout en se consacrant à une carrière extraordinaire dans les capitales étrangères. Céline Dion est l'enfant du pays qui nous rassure : on peut « s'internationaliser » sans quitter le village.

M. B.-C. *J'en reviens quand même à Kundera. Vous dites : nous n'étions pas une nation, mais une bourgade. Comme si rien de vraiment sérieux n'arrivait ici. Je pense d'un coup à un de vos petits chefs-d'œuvre :* IXE-13. *Il y a là une thèse farfelue qui révèle paradoxalement l'insignifiance relative du Québec dans l'histoire universelle :* IXE-13 *est la superstar des agents secrets canadiens-français, comme si le Canada français pesait dans le monde, et comptait géopolitiquement. Existe-t-il, selon vous, quelque chose comme un point de vue québécois sur le monde ? Et, si oui, pensez-vous qu'il pourrait intéresser quelqu'un ?*

J. G. Un point de vue *québécois* sur le monde ? Je l'ignore. Mais le point de vue d'*un* Québécois, sans nul doute. Je ne vois pas pourquoi en sociologie, en littérature, en philosophie ou dans d'autres disciplines *un* Québécois ne pourrait intéresser les étrangers. Le moraliste Charles Taylor, par exemple, qui est québécois, possède hors du pays une réputation enviable. Avouons que la majorité des intellectuels francophones d'ici ont jusqu'à maintenant surtout consacré leurs travaux à la condition québécoise, il n'y a donc pas à s'étonner que ce sujet ne passionne pas les foules sur la place de la Concorde, à Trafalgar Square ou sur la place Rouge.

L'intérêt que les étrangers nous portent n'est pas garant de la qualité de notre participation au monde, mais nous avons au départ un problème de taxinomie, si je puis dire. De nombreux scientifiques québécois sont à l'origine de découvertes remarquables dans plusieurs champs de recherche, or la presse les désigne comme «canadiens», non pas comme «québécois». Pour le monde entier, Marc Ouellet, en ballottage papal, était un cardinal «canadien», même si nous savions qu'il était un authentique Québécois né à La Motte, en Abitibi. Le conservatisme du cardinal l'avait mené de l'archevêché de Québec à la curie romaine, une belle carrière ecclésiale québécoise, son passeport était néanmoins délivré à Ottawa. Les confédérations de petites nations comprennent en leur sein des individus géniaux, leur identité sera celle de leur citoyenneté.

À propos de réussite internationale, mon père me citait souvent en exemple Will Durant, né dans une famille canadienne-française à North Adams, au Massachusetts. Ce philosophe et historien des civilisations, qui avait atteint une réputation mondiale au début du XXᵉ siècle, a écoulé des millions d'exemplaires de ses ouvrages dans le monde entier et obtenu, avec son épouse, Ariel, un prix Pulitzer en 1968. Au Québec, Will Durant, athée, était et reste forcément un inconnu et si son concitoyen Jack Kerouac n'a pas été oublié, c'est qu'il avait foi, comme sa mère, dans la Vierge Marie. Durant aurait-il réussi à s'imposer dans le monde s'il était né à quelques kilomètres de North Adams, du côté québécois de la frontière ?

Voyons notre cinéma. Si les membres de l'Académie américaine ont accordé un Oscar aux *Invasions barbares* de Denys Arcand et sélectionné par la suite *Incendies* de Denis Villeneuve, *Monsieur Lazhar* de Philippe Falardeau, puis *Rebelle* de Kim Nguyen parmi les meilleurs films étrangers (ils disent en *langue étrangère,* car il s'agit du cinéma parlant), il me semble que le point de vue de ces Québécois sur le monde est à l'évidence reconnu comme original et intéressant. Chacun de ces films est une œuvre personnelle, et ces jeunes cinéastes, dont plusieurs sont issus de la féconde *Course autour du monde,* se sont empressés de s'ouvrir à l'universel justement. Le point de vue (québécois) de Villeneuve, Falardeau, Scott, Nguyen, Dugay, Michaud, Dolan et Vallée intéresse les producteurs étrangers, CQFD.

Et puisque vous évoquez IXE-13. Ce qui m'intriguait dans l'œuvre de Pierre Daignault, c'était cette magnifique confiance en soi du Canadien français, en pleine guerre mondiale. L'auteur avait inventé un

Québécois mythique avant même sa création politique. Pour moi, *L'As des espions canadiens* représentait à la fois la naïveté et la fierté populaires. IXE-13 était un être supérieur, les Français ne pouvaient que l'admirer, à preuve sa fiancée de nationalité française éperdument amoureuse de lui, à preuve son accent moins marqué que celui de son ami le Marseillais Marius Lamouche. IXE-13 était un être «international» avant même que le concept ne s'impose. Le gouvernement du Canada avait dû le céder à Sa Majesté britannique, tant pis pour Ottawa, troisième violon de l'Empire. L'aventure d'*IXE-13,* produite par Pierre Gauvreau, mise en musique par François Dompierre, dans les décors de Claude Lafortune, avec l'équipe des Cyniques comme complices, marque le moment où le Canadien français apprenait à se dire Québécois.

Peut-être y avait-il, à une époque, un IXE-13 en chacun de nous ? Nous n'avons pas toujours été des citoyens «insignifiants» dans le monde. Pendant des années, nous utilisions avec fierté le passeport canadien, qui comportait le libellé suivant : «Le porteur de ce titre est sujet britannique.» Nous étions des Britanniques de langue française, à Londres nous nous sentions plus «chez nous» qu'à Paris, ce qui, pour certains, est toujours vrai. À l'étranger, les ambassades du Royaume-Uni nous recevaient parfois mieux que celles du Canada. Nous n'étions pas des enthousiastes de la couronne d'Angleterre, mais nous n'en sentions pas le joug. Et puis, un jour, dans la ferveur patriotique nouvelle d'un Québec à la recherche de sa souveraineté, on se mit à dire qu'il fallait *détester* la souveraine pour faire un pied de nez à Ottawa !

Aujourd'hui nous utilisons toujours le passeport canadien, mais en insistant sur le fait que c'est *temporaire*, car nous sommes des « Québécois-en-instance-de-souveraineté » n'est-ce pas ? Détester les Anglais ne fait pas de nous des patriotes. Maudire les Canadiens ne nous donne pas une citoyenneté. Nous ne sommes pas insignifiants, mais encore faudrait-il admettre qu'aux yeux du monde nous sommes encore et toujours des Canadiens. L'État du Québec est juridiquement une province de l'ensemble fédéral. Je sais que cela ne plaira pas à tous, mais la question se pose : pendant combien de temps encore nierons-nous cette réalité ? Fédéralistes comme souverainistes, en attendant les « conditions gagnantes » d'un référendum qui aura lieu à Pâques, ou à la Trinité, nous présentons un même passeport aux frontières, les policiers et les douaniers ne s'y trompent pas.

M. B.-C. *Vous dédramatisez la question nationale, mais il vous arrive pourtant, peut-être sans le savoir, de reconnaître la part tragique de notre condition nationale. Sans jouer au prophète, vous annonciez en 2006 la disparition possible, et même probable, du* Québec *en 2076. Notre peuple, peu à peu et sans faire trop de bruit, et vraisemblablement en faisant la fête, s'effacera pour de bon dans les marges de l'histoire. Et d'un coup, une évidence m'est apparue : votre œuvre croise en partie celle de Denys Arcand, du moins dans la manière de penser. L'un comme l'autre, vous pensez* *l'époque comme on le faisait autrefois. L'un comme l'autre, vous abordez l'insignifiance de l'histoire du Québec du point de vue de l'histoire universelle, comme si la condition québécoise était fatalement diminuée, insuffisante. L'un comme l'autre, vous faites pourtant le pari de penser la civilisation occidentale à la lumière de la condition québécoise. Peut-être est-ce à cause de votre partage des humanités classiques, qui en plus de donner une même tournure à votre pensée vous connecte aussi à certaines valeurs profondes de la civilisation occidentale. Je vous pose une double question : y a-t-il des sujets ou des questions inaccessibles à l'écrivain ou à l'artiste québécois, à cause de sa participation à une culture aussi périphérique ? Et avez-vous trouvé dans votre génération, ou dans celles qui ont suivi, de véritables interlocuteurs, qui partageaient votre manière de penser et votre manière de voir ? Et ce regard sur le monde s'est-il transmis d'une génération à l'autre ?*

J. G. Christian Rioux, journaliste au *Devoir*, citait récemment une de vos sombres pensées ; vous avez écrit : « Notre peuple se vide lentement de l'intérieur. Les historiens nous le diront un jour : c'est en 2012 qu'il a pris conscience qu'il déclinait. Pire encore : c'est peut-être en 2012 qu'il a commencé à l'accepter. » Dans les mêmes semaines, Denys Arcand, qui publiait un monologue tiré de *Trente Arpents* de Ringuet, évoquait devant un journaliste la fatalité de la Conquête et la perspective de notre disparition. Vous me flattez en m'associant à Denys Arcand, nous sommes en effet des amis de longue date, mais Denys puise dans l'Histoire un pessimisme que je n'ai jamais trouvé dans la Littérature. Arcand est un être tragique, je suis plutôt flegmatique, ce qui ne nous empêche pas de partager des idées, des jugements, du vin et des rires.

Quand je me suis aventuré à faire ce genre de prédiction apocalyptique dans *L'actualité*, je disais prudemment que dans soixante-dix ans, soit le passage de deux générations, nous pouvions nous attendre à la fin de la «nation française d'Amérique». Je ne sais si c'est la réputation de *L'actualité*, ou le moment où j'ai évoqué ce destin, ou ma façon de l'affirmer, mais j'ai été lessivé par un tsunami de reproches et d'agressivité dans les journaux. Disparaître ne semblait plaire à personne et certains intellectuels, je pense à Jean-François Nadeau ou à Michel Venne, souhaitaient par contre que moi-même je disparaisse! Lise Payette, quelques années auparavant, avait produit un documentaire de télévision sur ce thème et subi le même sort. J'ai rencontré plusieurs de mes détracteurs, dont Olivier Kemeid, ils m'avaient attaqué d'instinct, comme si je voulais les émasculer, nous avons discuté et fait la paix au micro de la radio publique, ce fut une rencontre mutuellement enrichissante.

Ce que j'avais trouvé de plus injuste était d'être accusé de racisme vis-à-vis des immigrés! Je défendais la mémoire du Québec et l'on a cru que je souhaitais oblitérer la culture des nouveaux arrivants. Puis tout s'est emballé, les conseillers municipaux de Hérouxville ont publié un manifeste humoristique que les journalistes de Montréal ont pris au pied de la lettre (défense de lapider!), un quotidien a raconté que des musulmans avaient refusé de manger des fèves *au lard* dans une cabane à sucre, les oreilles de crisse au sirop d'érable étaient menacées de disparition! Le gouvernement Charest a choisi de refroidir les esprits en lançant MM. Bouchard et Taylor contre la horde des Intolérants. Le surréalisme ne meurt jamais.

Après la Conquête et la Cession de la Nouvelle-France à la Couronne britannique, la menace de disparition devait être palpable. Elle n'eut pas lieu. Disparaître eût signifié pour le peuple canadien épouser le protestantisme et changer de langue. La nation se recroquevilla, se multiplia, demeura attachée à son clocher et à sa grammaire. Nous marchions sur deux jambes, la langue et la foi. Nous avons perdu la foi au XXe siècle, nous voilà unijambistes, perdrons-nous la langue au XXIe? Ce n'est pas impossible, dans l'histoire de l'humanité des centaines de peuples se sont fondus dans d'autres pour en former de nouveaux. Les Francs venaient du Nord, ils sont disparus, personne ne les pleure en Gaule. Ajoutons que le français québécois est l'une des 3 000 langues parlées sur terre. Le parler et la couleur mêmes des États-Unis se transforment sous nos yeux, l'Amérique blanche est minorisée, le président, métissé, et les Hispaniques domineront bientôt dans plusieurs États du Sud. Au Canada, les citoyens d'origine britannique sont déjà en voie de disparition dans un pays «multiculturel» qui leur échappe. Alors?

Le XXIe siècle nous offre des outils de communication dont aucun peuple à ce jour n'a pu profiter, les médias numériques parlent notre langue, comme beaucoup d'autres, et nous pouvons donc continuer à l'utiliser. Si, comme aimait le répéter Daniel Pinard, le célèbre sociologue de la cuisine authentique, nous devenons ce que nous mangeons, il suffirait d'offrir aux milliers d'immigrés qui s'amènent chaque année sur notre territoire un menu adéquat. Évidemment, il faudrait pour cela persuader le gouvernement que nous sommes comestibles!

Par ailleurs, en tant que Québécois, rien de ce qui est humain ne nous est étranger, dans le domaine des idées et de l'expression. L'aventure française en Amérique n'est pas insignifiante, mais elle ne pèse pas lourd aux yeux de l'histoire universelle. Ce ne sont pas les autres qui nous excluent de la pensée occidentale, il nous arrive de nous en exclure nous-mêmes, quand nous n'admettons pas les limites de notre expérience historique. Je me souviendrai longtemps de la rebuffade que Jordi Pujol, président de la Catalogne, avait servie un soir au romancier Yves Beauchemin qui avait osé comparer la persécution des Catalans à celle des Canadiens français! Lucien Bouchard, qui nous avait invités à dîner avec son insigne ami, ne savait plus comment calmer le jeu. Il ne faut pas se prendre pour d'autres, ni pour plus petits que ce que nous sommes. Cela dit, il est vrai que les interlocuteurs lucides et renseignés ne sont pas légion dans notre société, mais il y en a dans toutes les générations.

M. B.-C. *On dit que notre siècle sera celui d'une grande révolution, celle de l'immigration – d'ailleurs, elle est déjà* *commencée. Les populations se brassent, se mélangent, se transforment. La chose se vit dramatiquement à certains endroits, surtout en Europe. Elle s'accompagne un peu partout d'une grande transformation politique, le multiculturalisme, une doctrine d'État extrêmement radicale qui inverse le devoir d'intégration et fragilise considérablement les sociétés d'accueil. Mais nous semblons incapables de penser politiquement cette transformation. Il faut s'ouvrir à l'« autre », mais on nous dit rarement de quel autre il s'agit et de combien d'autres il s'agit. Pire encore : on psychiatrise ceux qui doutent des vertus du multiculturalisme en leur prêtant une phobie, la « peur de l'autre », comme s'il n'y avait aucune raison valable de s'inquiéter de la société diversitaire. Une démocratie n'a-t-elle pas besoin d'une culture commune pour fonctionner, d'une histoire partagée pour s'imaginer un destin commun ? Craignez-vous une société ghettoïsée, fracturée intimement en communautarismes imperméables les uns aux autres ? Et sentez-vous que nous sommes ici devant la grande question politique de notre temps, comme l'était au XXe siècle l'opposition entre la démocratie et le totalitarisme ?*

J. G. C'est l'une des grandes questions politiques de notre temps, sans aucun doute, mais pour notre avenir, je crains plus la prolifération des armes sur la planète et la détérioration des climats que les migrations même massives. Cela dit, ces deux menaces nous amèneront plus de réfugiés encore et touchent de près votre inquiétude. J'avais, il y a cinq ans, pensé aborder ce sujet dans un livre avec mon homonyme, Jacques T. Godbout, qui a rédigé des pages remarquables sur le don. Nous en sommes malheureusement restés au projet, comme souvent. Ce dernier jouait avec la notion de politesse, quant à moi, j'envisageais d'utiliser la maison comme métaphore. J'y reviens.

Ainsi, vous êtes un Canadien français québécois, propriétaire de cette maison Québec, héritée de vos ancêtres, que vous avez aménagée à votre goût, de la cuisine au salon, mais depuis plusieurs années déjà vous n'avez plus vraiment les moyens de l'entretenir, l'économie du Québec n'est pas florissante, votre province est l'un des États les plus pauvres de l'Amérique du Nord, vous n'avez plus suffisamment d'enfants pour contrer le vieillissement de votre population.

Votre gouvernement, qui régule en partie l'arrivée des étrangers, considère, en termes économiques, que quelque cinquante mille immigrants par année constituent un apport nécessaire à la démographie déclinante de votre peuple. Vous voilà donc avec des inconnus dans votre maison, je dis «inconnus», mais vous savez bien qu'ils arrivent du Maghreb, de Syrie, d'Égypte, du Pakistan ou de Chine. Vous pensez qu'il sera impossible d'en faire des Canadiens français québécois. Vous êtes prêt à vous contenter d'en faire des Québécois, mais dans la tête de ces étrangers «Québécois» et «Canadien français» sont des synonymes, inutile de tenter de les convaincre du contraire, ils s'accrochent donc à leur identité.

Partager sa maison avec des milliers d'étrangers de différentes origines et cultures n'est pas la chose la plus aisée du monde, vous aimeriez leur expliquer vos règles et vos coutumes, car les officiers de l'immigration ne l'ont pas fait, se contentant de remplir des formulaires. À preuve, il y a même de ces hommes que vous croisez à l'épicerie qui traînent derrière eux des épouses couvertes de la tête aux pieds de vêtements de deuil. Vous leur donnez à feuilleter des albums photographiques accumulés depuis des années et à contempler vos tableaux aux murs du salon. Ces images ne leur disent rien. Ils ont de toute façon leurs propres albums de souvenirs. Vous leur racontez l'Amérique explorée par les premiers Français, la lutte contre les Iroquois, la colonisation, la déportation des Acadiens, 1759, 1837, Riel, la conscription, la Révolution tranquille, ils vous entendent, mais ils sont venus au Canada non pas pour faire de la politique, mais pour donner à leurs enfants un avenir que le monde politique de leur pays, justement, leur refusait. Peut-être même ont-ils dû partir parce qu'ils étaient menacés. Émigrer n'est pas une partie de plaisir.

Vous souhaiteriez leur expliquer comment se comporter dans votre maison Québec, avec les voisins, au travail, et leur dire que la langue commune, pour laquelle vous vous êtes battu, est le français. Vous pensez que vos chaînes nationales de télévision devraient les intéresser et les initier à la vie du pays, mais les émissions populaires, *La Petite Vie*, par exemple, ou *Les Bougon*, exigeraient une sérieuse mise en contexte. De plus, vos vedettes et humoristes parfois parlent une langue difficile à décoder et évoquent des anecdotes très familières. D'ailleurs comment transmettre cette « culture québécoise » ? La version rurale, vie en forêt, cabane à sucre, lacs, traîneaux à chiens, est assez aisée à décrire, et il y a des musées pour vous aider en cela, mais votre culture urbaine contemporaine ? Est-elle originale ou nord-américaine ?

De toute manière, vos invités (c'est, après tout, votre gouvernement qui a cherché à les faire venir et qui a « sélectionné » ces familles) découvrent vite l'existence de chaînes internationales qui diffusent dans leur langue et, dès que vous avez le dos tourné, ils se procurent une antenne parabolique et se branchent sur ces canaux. Or le Québec est riche aussi d'une culture savante, il possède une littérature, des cinéastes primés, des compositeurs reconnus, des artistes, pourquoi ne pas les leur présenter ? Impossible de le faire, votre système d'éducation n'a pas encore de canon (le ministère se défausse) et chaque professeur a son propre panthéon. Il n'y a pas de références culturelles communes et, de guerre lasse, vous abandonnez, car vous savez bien que votre concitoyen a d'autres chats à fouetter, il doit se loger près d'un temple ou d'une mosquée et de commerces ethniques, il se cherche un emploi, un jour, bien sûr, il mettra les pieds dans une bibliothèque, ou même dans une librairie, mais ce niveau de culture devra attendre.

C'est dans la cuisine de la maison Québec que vous vous entendez le mieux avec vos étrangers, dont vous persuadez certains d'ouvrir des restaurants, car vous aimez sortir le soir avec des amis, leurs plats ont des odeurs exotiques et vous découvrez de nouvelles saveurs à petits prix. Vous vous empressez, de votre côté, de les initier à la poutine, on ne vous accusera jamais d'être xénophobe en gastronomie. Vous avez voyagé. Reste que vous n'êtes déjà plus «chez vous» dans votre demeure. Vous avez même appris que votre sœur, qui enseigne dans une école primaire à Montréal, n'aurait plus d'emploi cette année si les enfants de vos immigrés n'occupaient pas les bancs de l'école. De façon certaine, vous vivez en interdépendance désormais, vous avez autant besoin d'eux qu'eux de vous, chaque année d'autres immigrants arrivent qui se glissent dans l'économie de votre province, sans lesquels d'ailleurs votre poids politique au Canada fondrait plus vite encore qu'il ne le fait présentement.

Un vendredi, vous trouvez un de vos colocataires dans le salon, à genoux, tourné vers La Mecque. Et vous qui n'avez plus la foi éprouvez une forte envie de le mettre à la porte. Vous savez que l'islam est difficilement compatible avec la démocratie. La pratique religieuse reste un sérieux problème que vous-même n'avez pas résolu, refusant de retirer un crucifix du mur de votre Assemblée nationale, là où s'exerce votre démocratie. Il vous faudra bien un jour vous résoudre à promouvoir la laïcité de vos institutions d'État. Pour vous rassurer, vous vous dites qu'ultimement tous les êtres humains sont semblables et fondamentalement aimables, que peu importe couleur et origine, mais vos nouveaux semblables prennent un malin plaisir à vous provoquer par des vêtements bizarres, des rituels incommodants, des comportements incompréhensibles. Il faudra au moins trois générations, vous dites-vous, avant d'intégrer ces étrangers à notre culture, et quand ce sera fait, cette culture ne sera plus la même.

Au fait, comment transmet-on la culture québécoise ? Par l'école ou la famille ? De quelle façon les étrangers pourraient-ils y accéder ? Saurait-on accélérer le processus d'intégration ? C'est ce dont discutent vos intellectuels, qui philosophent à propos de l'« interculturalisme » ou du « multiculturalisme », comme si une étiquette allait résoudre les difficultés d'adaptation. Un jour, peut-être, mettra-t-on sur pied des instituts culturels en amont et en aval pour étrangers ? Ce n'est pas demain la veille, la question de l'immigration n'est jamais même abordée pour ce qu'elle est dans les campagnes électorales !

Vous voilà donc Canadiens français québécois de souche et étrangers d'origines diverses en face à face dans la même maison Québec que tous désirent rendre agréable et conviviale. Ce n'est pas la première fois que se posent des problèmes d'immigration, vous vous souvenez des Irlandais catholiques qui luttaient contre l'école française en Ontario, des jeunes juifs que l'on refusait de recevoir dans les écoles catholiques de Montréal, des Italiens de Saint-Léonard qui contestaient sur les barricades, aujourd'hui cette question de la langue commune ne se pose plus, Montréal est la plus grande ville française d'Amérique, même si, dans la pratique quotidienne, il faut rester vigilant. Est-ce que les étrangers dans la maison vous inquiéteraient pour des raisons référendaires inavouées ? En est-on encore à se méfier du vote « ethnique » ? Pour y voir clair, je suis allé en vérifier la définition dans le *Nouveau Petit Robert* : « Ethnie, 1896, grec *ethnos* "peuple, nation". *L'ethnie française englobe notamment la Belgique wallonne, la Suisse romande, le Canada français.* » Qu'avons-nous fait du Canada français et de notre responsabilité ethnique ?

Et si nous agrandissions notre horizon québécois pour qu'il englobe les culture et civilisation françaises, ne serions-nous pas mieux armés pour assimiler les étrangers que nous invitons à venir vivre à nos côtés ? Plusieurs d'entre eux admirent la France, en ont entendu parler, ou même y ont habité, pourquoi ne pas leur révéler qu'être québécois c'est appartenir à une grande *ethnie* française ? Charles de Gaulle s'adressant aux « Français du Canada » ne disait pas autre chose. Je sais, c'est une approche d'autant plus utopique que la France est dans une mauvaise passe économique et qu'elle n'offre pas un modèle dynamique d'adaptation à la modernité. Peut-être que les jeunes Français qui viennent étudier ici, dont certains choisissent de s'installer à demeure, nous aideront à faire le pont ?

M. B.-C. *À quelques reprises, vous me l'avez suggéré, et à un autre moment, vous me l'avez demandé clairement : Mathieu Bock-Côté, pourquoi ne pas vous exiler ? C'était une boutade, mais, de temps en temps, j'ai eu envie de m'en-*

voler pour la France, et je me le suis interdit chaque fois, en me disant qu'on n'abandonne pas son peuple parce qu'il n'est pas exactement fidèle à l'idéal qu'on voudrait lui prêter. Pourtant, cette tentation de l'exil, je la vois partout. Combien de fils de privilégiés ont quitté le Québec? C'est un peu comme si le fait de « bien naître » permettait aux jeunes gens de fuir leur pays, qui n'intéressera finalement que les Québécois à mobilité réduite dans la mondialisation. Qu'est-ce qui manque à la culture québécoise pour retenir ses gens? Comment expliquez-vous ce désir de quitter le pays dès qu'on en a l'occasion? Vous-même, avez-vous déjà pensé quitter le pays pour de bon?

J. G. Quand je vous ai demandé si vous aviez pensé à vous exiler, c'est que la question se pose : je le dis comme je le pense, avec votre talent vous pourriez, aux États-Unis comme en Europe, trouver un emploi, vous faire un nom dans la recherche sociologique, publier des ouvrages importants. Par ailleurs, je ne crois pas que vous soyez en mesure de vous arracher du Québec, vous lui avez consacré trop d'énergie et d'émotions pour laisser tomber. Mais l'exil proposé n'était pas une boutade.

Je pensais à Paul de Margerie, un musicien qui accompagnait au piano, à l'époque des pionniers, les auteurs de chansons, de Félix Leclerc à Jean-Pierre Ferland. C'était un garçon particulièrement talentueux. Nous étions entre amis allés chez lui passer la soirée et nous avions, après le repas, évoqué la scène musicale. Margerie comparait sa situation dans la musique à celle d'un pilote d'Air Québec qui n'avait jamais le temps de s'élever très haut dans les airs, passant de Rimouski à Chicoutimi à Québec à Rimouski. Le plafond lui paraissait bas. Après un dernier verre, nous l'avions quitté ce soir-là en promettant de nous revoir. Le lendemain matin, nous apprenions qu'il s'était suicidé. Je ne sais si, à l'origine de son geste, se cachait une dépression ou une peine d'amour secrète, mais ce que j'ai retenu de ces dernières heures en sa compagnie, c'est qu'il étouffait sous un plafond bas. Peut-être croyait-il que partir, c'était mourir un peu, à l'époque presque personne ici ne s'expatriait.

Personnellement, j'ai toujours pensé qu'un plafond bas était fait pour être crevé, mais il y a des professions qui vous poussent à l'exil. Un autre ami, physicien de l'atome, s'était retrouvé après ses études à l'emploi des Laboratoires nucléaires du Canada, à Chalk River. Plusieurs mois dans ce milieu de langue anglaise l'avaient complètement déprimé, il faut avouer que les années 1960 n'étaient guère propices à la bonne entente au Canada. Il s'est donc exilé en Europe où il pouvait au moins utiliser sa langue et son bagage scientifique. En fait, le mot «exilé» n'est pas juste, il s'est expatrié, car les vrais exilés sont nos concitoyens d'origine haïtienne, vietnamienne ou chilienne qui ne pouvaient demeurer dans leurs pays sans se retrouver au cimetière. Nous avons les révolutions tranquilles et les exils doux.

Il nous est toujours loisible de faire des allers-retours. C'est ce que pratiquait Anne Hébert, qui visitait souvent le Québec après s'être expatriée à Paris, dans le Ve arrondissement. Là-bas elle était à l'abri des cancans de la capitale provinciale, habitait un quartier agréable dans une ville dont le décor lui rappelait celui de son enfance sans les inconvénients de l'hiver. De plus, la distance qu'elle avait instaurée entre elle et le pays l'aidait à peaufiner ses fictions. Des peintres québécois plantent leurs chevalets à New York. Des scientifiques s'en vont travailler dans de grands laboratoires aux États-Unis, tout comme de jeunes cinéastes sont attirés par les producteurs d'outre-frontière. Je crois que cela va se présenter de plus en plus souvent, les frontières sont devenues poreuses. Nos cousins français s'expatrient en grand nombre aux États-Unis, mais ils restent Français.

Au fond, boutade ou pas, ce n'est pas être renégat que d'habiter et de travailler à l'étranger, c'est un choix professionnel et individuel, pourquoi tomber dans le chantage à la ceinture fléchée ? Si vous avez vu *Alias Will James,* vous vous rappellerez cette séquence dans laquelle je converse avec le jeune cow-boy californien, Michel Bénard, en lui demandant s'il ne s'ennuie pas du Québec, et lui de me répondre du tac au tac : « Y a du monde là-bas aussi ! » Si je suis parti à vingt ans pour l'Éthiopie, c'était que l'ère Duplessis manquait de hauteur, à cette époque le plafond nous écrasait. Quand je suis rentré à Montréal, à la fin de 1958, j'arrivais au bon moment, c'était au matin de la Révolution tranquille. Je n'ai aucun mérite à ne pas m'être expatrié à Paris, par exemple, j'ai tenté d'y étudier pendant trois ou quatre mois, en vain, je ne savais pas m'adapter aux mœurs intellectuelles de Lutèce et de ses institutions, à ses codes, et par-dessus tout je suis attaché à ma famille et à mes amis, qui sont pour moi le vrai pays. Alors je suis revenu.

M. B.-C. *J'essaie de vous situer dans l'histoire des générations québécoises. Vous êtes du Québec du premier élan de la Révolution tranquille. Ce n'est pas le vieux Canada français, que vous avez d'ailleurs combattu et dont vous ne gardez pas de bons souvenirs. Mais ce n'est pas non plus celui des boomers qui ont fait l'expérience d'une modernité sans héritage ni véritable conscience du passé. Ce Québec aussi, vous le critiquez. Non, c'est celui des fondateurs. Je pense à vous. À Denys Arcand. À Hubert Aquin. À Jacques Parizeau. À Lucien Bouchard. À René Lévesque. Ce Québec est parvenu à inscrire ses mythes et ses idéaux dans la conscience collective. Pour cela, c'est un Québec que nous avons en commun. À tout le moins, je m'en sens l'héritier. Je me demande : malgré tout ce qui a changé depuis les années 1930, en quoi le Québec d'aujourd'hui ressemble-t-il à celui de votre naissance ? Quelles sont les constantes que vous reconnaissez toujours dans la condition québécoise, dans la société québécoise ? Et peut-être plus encore : à quoi espérez-vous qu'il ressemble un peu, dans trente ans, dans soixante ans ? Y a-t-il quelque chose que le Québec ne doive pas renier ?*

J. G. Les questions d'héritage font de bons romans. Un pays, une nation et ses traditions représentent un bien collectif qui ne se marchande pas, mais que chaque génération peut modifier. Je crois que la mienne a sérieusement transformé son patrimoine. Si vous me permettez de reprendre ma formule d'ancien combattant de la laïcité : « En ces années-là le Canadien français de la province de Québec ne pouvait naître, aller à l'école, au collège et à l'université, se marier ou divorcer, avoir des enfants reconnus légalement, parfois même trouver un emploi, lire un livre, voir un film, se rendre dans un hôpital se faire soigner, vieillir dans une institution et mourir enfin, sans passer sous les fourches caudines de l'Église catholique. »

L'acte de naissance était un acte de baptême, les établissements d'enseignement étaient confessionnels des classes de bricolage jusqu'au doctorat, le mariage se célébrait exclusivement devant l'autel, les inventaires des librairies et des bibliothèques étaient soumis à l'Index, les films, censurés par un comité gouvernemental, tous les services sociaux étaient confiés à des communautés religieuses, et l'acte de décès vous menait dans un cimetière où dominait un Christ en croix. Vous avez hérité d'un Québec sécularisé, même s'il reste des odeurs d'encens à l'Assemblée nationale et dans les conseils d'administration des universités.

Bien sûr, nous conservons le français en héritage, mais ce n'est plus par fidélité au passé : le film de Pierre Perrault, *C'était un Québécois en Bretagne, madame!,* tourné en 1976, correspond à une époque révolue. Mon père, né en 1906, chantait *J'irai revoir ma Normandie* les larmes aux yeux, trois cents ans après que le premier Godbout eut mis pied à l'île d'Orléans! Dans le même esprit, j'ai écumé avec émotion, en 1960, les cimetières du nord de la France à la recherche de nos patronymes, c'était la grande époque des retrouvailles entre «cousins». Depuis quelques années, mes enfants et petits-enfants vont en France comme ils visitent le Portugal ou la Tunisie, pays étrangers. Il n'y a plus d'affection particulière pour la «mère patrie» (que Fred Pellerin nomme justement la «mère *partie*»). Les Québécois n'ont pas de grande parenté avec le caractère «français», nos deux peuples ont évolué différemment. La distance est énorme entre nos cultures et nos mémoires. Pour nous, le français a valeur identitaire, pour eux, c'est une langue d'usage.

J'aimerais tant vous dire que le Québec de ma naissance est semblable à celui dont vous avez hérité! Mais il suffit d'un coup d'œil à la culture contemporaine pour saisir que vous évoluez déjà dans une nouvelle ère. Je suis né dans la civilisation industrielle, celle des machines à laver, de la radio et du cinéma. Vous habitez l'âge virtuel. Ce n'est pas parce que je rédige ces réponses sur un clavier d'ordinateur que nous vivons dans un même temps et un même espace. Ce n'est pas parce que le chasseur inuit utilise une motoneige qu'il est de plain-pied dans l'univers des automobilistes. Je viens d'un pays en développement. Dans le Montréal de mon adolescence, les employés de la ville déneigeaient les trottoirs avec des attelages à chevaux. Tous les jours, vos téléphones (nomades) vous permettent d'obtenir des images et des sons du monde entier, vous ignorez le silence et la solitude, votre société est formatée par le commerce, la publicité, la finance. Vos musiques sont celles des nations. Je ne vois qu'une constante : une même géographie, un même voisin USA et un même contrat constitutionnel.

La géographie nous impose une politique nord-américaine, nos vies économiques et culturelles sont pendues aux mamelles de notre tout-puissant voisin américain et le contrat signé par nos pères avec les autres provinces, modifié sans notre approbation, est désormais à négocier avec un interlocuteur qui n'est plus l'Envahisseur de l'histoire, mais une sorte d'héritier présomptif venu du Pacifique, du Moyen-Orient, des Antilles et d'Amérique latine.

Que sera le Québec dans trente ans ou quarante ans ? Une société nord-américaine métissée et dominée par des adultes âgés (parmi lesquels vous serez) prise dans la tourmente d'une planète de plus en plus surexploitée. Le tricoté serré dont parlait Marcel Rioux dans ses essais va certainement se relâcher, peut-être s'effilocher. J'imagine que le monde du travail va continuer à s'internationaliser, de nombreux jeunes iront poursuivre ailleurs leurs carrières. Difficile aussi d'imaginer un monde pacifié. Mais enfin, vous me demandez des nouvelles de l'avenir, et j'ai plutôt du passé plein la tête. Les Québécois de 2050 vivront dans un pays dont vous définissez en ce moment l'architecture, nous avons couché votre génération dans notre testament, avant même de vous connaître. Je suis rassuré d'apprendre que vous acceptez l'héritage.

M. B.-C. Vous avez vu le Québec renaître au début des années 1960. Vous l'avez vu faire le projet d'exister par lui-même dans le monde. Vous constatez aujourd'hui, comme tout le monde, que le grand projet national a échoué à tout le moins, qu'il est en panne, qu'il semble épuisé. Regardez-vous avec mélancolie et nostalgie la belle époque de la Révolution tranquille ? Qu'avons-nous perdu de cette période ? Et quel rapport devrions-nous entretenir avec la mémoire de cette époque, comme avec celle du Canada français ? Que faire de cette mémoire que nous avons d'un coup rejetée, mais qui revient aujourd'hui nous hanter ?

J. G. Cette question est d'autant plus difficile que vous êtes attaché à un Canada français mythique qui n'a pour moi jamais existé. Le pays que j'ai connu (avant vous) était à l'image du Christ abandonné par son père, le visage angoissé, les bras en croix, une plaie ouverte sur le côté, infligée par la lance d'un soldat romain. Un pays supplicié et sulpicien. Ce pays, selon l'Église, n'était qu'un lieu de passage, de misère et d'humiliations avant que nous ayons le bonheur insigne de rejoindre au ciel l'enfant Jésus, la Vierge Marie et toute la horde des Bienheureux.

L'histoire de ce pays, selon les meilleurs auteurs, était parsemée d'étapes mortifères, le martyre des jésuites, le sacrifice de Dollard des Ormeaux, la défaite des Plaines d'Abraham, la répression de 1838, la pendaison de Riel, les conscriptions de 1917 et 1944 qui avaient vu fuir nos frères dans les bois, suivies de l'émeute du Forum ! Quel paysage exaltant pour un garçon de seize ans ! Je vivais de plus sous l'arbitraire corrompu de Maurice Duplessis qui, tout en agitant le drapeau national, retardait de toutes ses forces l'entrée de la province dans la modernité. Aujourd'hui les mêmes historiens nationalistes ajoutent à ce récit les deux défaites référendaires ! La cour est pleine.

Après les décès en cascade des chefs de l'Union nationale, tout a changé. Il n'y avait aucun grand Stratège derrière la Révolution tranquille, Duplessis avait tout simplement retardé l'évolution d'une société qui s'est éclatée. Ce fut l'ambition d'une génération de laisser sa marque, celle de mes grands frères, si je puis dire, car la plupart de ces acteurs avaient une dizaine d'années de plus que moi. Plusieurs d'entre eux étaient allés, après la guerre, étudier en Europe et aux États-Unis. Inspirés par ce qu'ils avaient vu à l'étranger, les uns et les autres au retour ont su profiter du « moment » pour changer la donne. J'étais dans cette histoire leur cadet, mais mon statut d'écrivain m'a rapidement permis de gagner leur complicité. En réalité, nous n'étions pas nombreux à nous agiter. Je dirais cinq cents, au plus mille personnes au tout début, majoritairement diplômés des collèges classiques et des universités, les uns dans la fonction publique, les autres dans le journalisme, la médecine, le droit ou les arts, lançant des idées, créant des projets, se faisant élire au Parlement, fondant des mouvements et ralliant des milliers de Québécois qui n'en pouvaient plus de vivre dans le conservatisme et l'encens.

C'est à Montréal, ce n'est pas anodin, qu'est né le désir de changement, traduit dans le programme du

Parti libéral, porté par Jean Lesage, venant d'Ottawa. Ajoutons que si nous avons pu agir sur la réalité, ce fut grâce à la complicité constante des institutions fédérales. Le Conseil des arts, la Société Radio-Canada, l'ONF et même la fonction publique fédérale étaient souvent le refuge de ces très tranquilles révolutionnaires. Or il y avait dans l'air un désir heuristique : chacun voulait partager son savoir, se rendre utile, ouvrir les fenêtres. La télévision joua un rôle irremplaçable de diffuseur d'informations, et la grande Exposition universelle de Montréal (autre initiative fédérale) mit un point final à un certain repli sur soi.

Au début de cette Révolution tranquille, il y eut peu de perdants. Les religieux et religieuses dont on nationalisait en quelque sorte les institutions de charité, les hôpitaux, les maisons d'enseignement, qu'ils défroquent ou pas, devenaient des fonctionnaires de l'État, avec salaire et pension. Le processus fut tout à l'honneur de la culture soucieuse de justice sociale des Canadiens français. Vers la fin, imbus de leur pouvoir et de leur savoir, des technocrates voulurent le bien des citoyens, bousculant les villages gaspésiens, par exemple, au nom d'une théorie économique douteuse. Mais, somme toute, il y a peu à regretter de cette époque pour laquelle je n'ai curieusement aucune nostalgie.

Nous aurions dû, avant la fin du XXe siècle, en élevant le niveau de scolarité de la population, mettre fin au décrochage des garçons et à l'analphabétisme, hélas nous n'avons jamais su atteindre cet objectif. Et puis la question des soins médicaux a pris le dessus (une salle d'urgence pleine de civières au journal télévisé est toujours plus touchante qu'une salle de classe), les coûts ont explosé, l'argent s'est déplacé, une nation préoccupée à ce point de ses maladies n'emprunte pas le chemin du changement, fût-il un «grand projet national». Depuis cette époque, aucune génération, pas même celle des baby-boomers, n'a tenté de changer réellement la donne. Je vois que l'on peaufine les discours sur l'indépendance, que l'on multiplie les ouvrages sur les raisons des échecs référendaires, mais je n'entends pas que l'on adopte une stratégie politique qui corresponde aux dimensions du XXIe siècle. Croire à une rupture demande une motivation profonde, or l'individu québécois est libre et peut se réaliser en tant que personne dans le cadre fédéral et la géographie canadienne, même si l'Assemblée nationale n'a pas avalisé la Constitution il y a trente ans.

M. B.-C. *Un mot sur* Le Mouton noir. *Je l'ai vu à plusieurs reprises. Il y a à ce moment une effervescence politique particulière. Avec Jean-François Lisée, qui a écrit* Le Tricheur *et* Le Naufrageur, *vous êtes un des seuls qui ont compris l'importance historique de ce moment où tout était possible. Vous avez immortalisé un moment important de l'histoire québécoise.* <u>*Que «sentiez-vous» lors de ces événements? Qu'est-ce qui vous pousse à réaliser un documentaire autour de la crise constitutionnelle et de ce qui l'entoure? Et allons plus loin: au début des années 1990, qu'espérez-vous pour le Québec?*</u>

J. G. En 1987, je me souviens avoir encouragé Robert Bourassa à poursuivre (je me rappelle même lui avoir écrit de Banff où je travaillais) et à entériner les cinq principes de l'accord du lac Meech. La démarche de Brian Mulroney «dans l'honneur et l'enthousiasme» me semblait le meilleur compromis possible. Or à mesure que l'échéance de juin 1990 approchait, il paraissait de plus en plus évident que le Québec allait, une fois de plus, se voir fermer la porte au nez. Elijah Harper agitait sa plume, Pierre Trudeau discourait avec mépris, Clyde Wells s'entêtait depuis Terre-Neuve, ces messieurs ne souhaitant pas que l'on modifie pour les beaux yeux de la nation française du Canada leur Loi constitutionnelle de 1982. J'avais l'intuition que nous allions vivre un moment politique intense et je ne pouvais accepter que l'on n'en conserve que les résumés du journal télévisé. Comment proposer à l'ONF de me donner les moyens de documenter l'histoire ?

Je venais de terminer le manuscrit de *L'Écrivain de province*, j'ai eu envie de poursuivre avec la caméra un journal politique de l'après-Meech, de tourner des archives cinématographiques comme on en voyait jadis en salle avant les longs métrages. J'ai fait valoir que je connaissais Robert Bourassa et Jacques Parizeau depuis longtemps, et que l'on pourrait convaincre une équipe du National Film Board (NFB) d'aborder le même sujet d'un autre point de vue. C'est pourquoi au début du *Mouton noir* on se retrouve sur les rives du lac Meech où Daniel Latouche, qui a participé à mille colloques sur la

Constitution, rencontre son ami politologue de Vancouver, Philip Resnik. Ils entament une ultime discussion sur un sujet qu'ils ont en réalité épuisé depuis des années. L'équipe du NFB ne poursuivra pas le sujet, je sentais bien que nous n'étions pas au diapason, et j'invitais Latouche à aller ramer sur ce lac comme sur une métaphore à prendre au pied de la lettre puisque l'accord allait tomber à l'eau.

L'attitude de l'ONF était généreuse, on m'accordait tout le temps dont je pouvais avoir besoin, tous les allers-retours entre Montréal et Québec ou ailleurs que le sujet imposait, je n'avais aucun scénario, j'improvisais, je tenais un journal, l'équipe avec laquelle je tournais depuis plusieurs années me faisait confiance et nous enregistrions de séquence en séquence une façon originale, pacifique et parlementaire de faire de la politique. J'avais aussi depuis longtemps repéré, dans le catalogue de l'ONF, des films scénarisés tournés dans les années 1950 sur les pères de la Confédération. Ce discours emprunté au passé était nécessaire pour donner une profondeur historique au sujet puisque *Le Mouton noir* relevait de l'actualité. Monique Fortier terminant son magnifique montage, le producteur Éric Michel organisait un grand lancement à la Place des Arts qui attirait tout le gratin politique et journalistique. J'étais alors persuadé que ce documentaire, dans vingt ans ou trente ans, serait vu quasi comme un film de fiction tant la situation était exceptionnelle.

Nous étions en tournage du *Mouton noir* lorsque Robert Bourassa a nommé Lucien Bouchard à la

Commission sur l'avenir politique et constitutionnel du Québec (commission Bélanger-Campeau). Ce dernier venait de fonder le Bloc québécois à Ottawa. Je crois que Robert avait pris la mesure de l'homme. C'est à l'occasion des travaux de cette commission que j'approchai M. Bouchard pour le persuader d'écrire une autobiographie, souhaitant qu'il soit mieux connu comme politique. Il a studieusement rédigé *À visage découvert,* que nous avons publié au Boréal en 1992, un essai personnel de grande qualité qui disait bien d'où il venait et ce qu'il envisageait pour le Québec. Quelques années plus tard, Jacques Parizeau faisait appel à lui pour la lutte référendaire de 1995, avant qu'il n'occupe le poste de premier ministre. Devant la situation qui se délitait, j'ai pensé tourner, en 2003, une sorte de postface de l'aventure. *Les Héritiers du mouton noir* avec Joseph Facal, Mario Dumont, Jean-François Simard et Denis Coderre; aujourd'hui, on ne trouve plus que Denis Coderre en politique, les autres enseignent ou font de la télévision !

En convoquant Jean-François Lisée, par contre, vous remuez d'autres souvenirs. En 1992, Robert Bourassa était forcément déçu de la situation constitutionnelle, et Jean-François Lisée, totalement dépité. Persuadé que Bourassa aurait pu réaliser la souveraineté du Québec, l'eût-il vraiment voulu, le camarade Lisée, un journaliste percutant, a donc proposé au Boréal un livre critique du comportement du premier ministre, *Le Tricheur.* Même si je ne partageais pas sa thèse, car je trouvais à son procès de Bourassa l'allure d'une inquisition menée par un homme de foi, je ne me suis jamais opposé à son ouvrage. Pendant toute la rédaction du *Tricheur*, j'ai répondu à des questions de l'auteur, mais je suis resté en marge, et quand Robert me téléphonait pour savoir ce qu'il en était et s'inquiétait de la date de parution du livre, je plaidais l'ignorance.

Le Tricheur de Lisée a profondément blessé Andrée Simard et Robert, mais Bourassa le politique n'était pas de nature vindicative. On ne peut en dire autant de Jean-François, qui m'a vertement reproché, à l'occasion d'une biographie radiophonique de Bourassa diffusée à Radio-Canada, d'avoir remis en question certaines de ses affirmations. Au Boréal, nous publions des ouvrages sans nécessairement partager intégralement les opinions des auteurs. Nous sommes pour la liberté d'expression, je peux vous donner une liste de livres dont je n'endosse pas les idées, mais qui ont tout de même été édités et mis en vente. Depuis quelque temps, donc, Jean-François Lisée et moi sommes en relations tièdes, je le regrette sincèrement.

Vous me demandez ce que j'espérais pour le Québec en 1990 ? Ce que la majorité des Québécois souhaitaient, la ratification de l'accord du lac Meech.

M. B.-C. *Oui. Je devine qu'en avril 1990 vous l'espériez encore. Mais en juin ? Autrement dit, n'avez-vous pas pensé à ce moment que le vieux rêve du pays allait enfin s'inscrire dans la réalité ? Et je vous pose la question qui m'importe le plus : croyez-vous encore à notre indépendance ? Croyez-vous que le Québec se laissera toujours avaler dans les replis* *de l'histoire ? Évidemment, aujourd'hui, le Québec semble aplati, avachi. Ou sentez-vous ici et là quelques frémissements, un désir de redressement, aussi contradictoire soit-il dans ses quelques manifestations ? Et je me trompe ou vous avez vu quelque chose comme un tel frémissement dans le printemps québécois de 2012 ?*

J. G. Il est vrai que 2010 ressemblait à 1960, cinquante ans plus tard. Nous étions quelques-uns à trouver l'horizon bouché, les citoyens semblaient sans appétit. Et puis a éclaté, dans la chaleur inusitée de mars 2012, ce printemps étudiant rallié par des populations plus âgées. J'avais l'impression de me retrouver à Paris, ces dernières années, avec des milliers de manifestants boulevard Saint-Michel contre les coups de barre du président Sarkozy. En France, c'est un rite qui remonte à la prise de la Bastille. Ici, c'était inattendu. Les porte-parole des étudiants, visiblement plus éloquents que les gens du gouvernement, nous rappelaient la grogne des intellectuels (les « poètes ») sous Maurice Duplessis.

Qu'en ai-je pensé ? Je me suis réjoui qu'une génération trouve ses marques. Je me suis rappelé que la guerre d'indépendance, en Algérie, avait inspiré les désirs d'indépendance au Québec, et même imposé le concept de décolonisation. Cette fois encore, le message venait du Maghreb. On évoquait un « printemps arabe-érable », mais dans un cas comme dans l'autre le modèle n'avait que peu à voir avec la réalité. Au début, la gratuité scolaire ne me semblait pas justifier toute cette agitation, car de toute façon les contribuables contribueraient, par leurs taxes ou directement en frais d'études. Mais le sujet s'est élargi, on mettait en cause la gestion des universités, c'était de bonne guerre, puis on se mit à évoquer la société marchande avec beaucoup d'aplomb et quelques casseroles. Les images télévisées des manifestations hypnotisaient les médias et les masses.

Une photo vaut mille mots ? Mille photos ne feront jamais un raisonnement. Nous avions un carré rouge à la place du cerveau. Les foules sont passées d'un ras-le-bol (justifié) aux manifestations festives sans objectif. La rue ne pouvait ni ne devait gagner, nous disposons d'institutions démocratiques qui sont là pour obtenir des changements politiques. Il faut les respecter. L'ennui, c'est que le Parti libéral au pouvoir traînait des odeurs de corruption. Il annonçait vouloir investir des millions de dollars dans la construction d'une route du Nord vers une mine de diamant dont on ne verrait jamais même la couleur, car les diamantaires refusaient d'ouvrir des ateliers au Québec. Comment demander à des jeunes gens en colère d'écouter un gouvernement qui avait laissé la mafia québécoise d'origine italienne exploiter les projets publics d'infrastructures ? Comment justifier une augmentation des droits de scolarité en invoquant l'exemple des universités du reste de l'Amérique ? N'étions-nous pas une société distincte ? Si la rue avait des raisons de se soulever, le gouvernement de son côté se devait de décréter une élection.

Je ne croyais pas, comme d'ailleurs les étudiants les plus radicaux, que le résultat électoral, quel qu'il soit, réglerait quoi que ce soit. Les deux partis anciens me semblaient usés, y pullulaient les apparatchiks, si l'un était pourri, l'autre radotait. Un nouveau venu, la Coalition avenir Québec (CAQ), se présentait comme un gestionnaire honnête et efficace, mais il lui manquait la part de rêve qui nous aurait permis d'amorcer quelque chose comme une seconde Révolution tranquille. Peut-être ne disposions-nous pas d'institutions capables de transformer le grand débat amorcé par la grève étudiante et d'en tirer les leçons ? La gauche refusait la lucidité sous toutes ses formes, la droite n'avait plus qu'un langage de chambre de commerce. Les médias semblaient tétanisés.

L'indépendance ? La république du Québec ? Je crois qu'à vingt ans aujourd'hui la plupart des jeunes citoyens n'aspirent plus tant à l'indépendance nationale qu'à la justice sociale, à un environnement sain, à l'égalité des chances et des sexes. Le « grand projet national », si je ne me trompe, a refroidi. L'« indépendance » n'est plus que le mantra d'une génération politique qui n'a jamais réussi à en convaincre la majorité de la population. Que j'aie la foi ou non importe peu : encore un peu de temps et vous ne me verrez plus. Pour le reste, adressez-vous à mes enfants, petits-enfants, et arrière-petits-enfants. Ce sont eux qui vont poursuivre l'édification de la nation.

Le Québec et le monde

*C'était une époque pleine d'espérance,
c'était aussi une époque désespérante.*

WALTER BENJAMIN

M. B.-C. *Pendant un bon moment, je crois, vous avez été l'interlocuteur québécois privilégié des Français. Jusqu'à tout récemment, vous aviez encore un pied-à-terre à Paris. Vous avez publié au Seuil, d'ailleurs, et votre œuvre trouvait directement un écho dans le vieux pays. Que représentait la France pour vous ? Quel air y respiriez-vous qui manquait au Québec ? Et y a-t-il quelques « leçons » que la France pourrait encore nous enseigner ?*

J. G. Ce sont peut-être les amis de Belgique qui ont des choses à nous enseigner, voisins des Français et néanmoins de culture originale, nous devrions leur parler plus souvent. Bruxelles et Montréal ont des problèmes communs. Savez-vous qu'à Paris c'est le centre culturel de la Wallonie qui héberge le plus souvent les manifestations québécoises puisque nos brillants gouvernants n'ont jamais osé ouvrir une maison du Québec, préférant squatter aussi le Centre culturel canadien ?

J'aurais été l'interlocuteur privilégié des Français dites-vous ? Il y a eu ces années-là bien d'autres interlocuteurs que moi, et de plus importants. En visite à Paris, une ou deux fois par année, je fréquentais le milieu des écrivains et des journalistes, dont Philippe

Meyer qui a publié dans la collection « Petite Planète » un ouvrage sur le Québec. J'ai participé à la télévision à des émissions avec Henri Guillemin et Bernard Pivot. Mon point de chute était le Seuil, d'abord pour voir mes éditeurs, Jean Cayrol et Denis Roche, et rencontrer plusieurs auteurs de la maison ou de chez Gallimard. Paris est une plaque tournante, les fêtes du Seuil regroupaient des douzaines d'auteurs. Il y eut aussi avec Régis Debray, de retour de guérilla en Amérique latine, un projet de magazine culturel et politique qui fit long feu, comme tant d'autres projets dans cette ville en ébullition.

J'avais, pendant cinquante ans, deux amis très proches qui me présentaient aux leurs, ce qui facilitait mon insertion dans des milieux autrement fermés. Jean-Marie Borzeix, éditeur d'Anne Hébert, auteur d'un ouvrage sur Mitterrand, grand ami de François-Régis Bastide, avait quitté le Seuil pour diriger les *Nouvelles littéraires* et me confiait un cahier de son journal à l'occasion de la victoire de René Lévesque en 1976. Promu directeur de France Culture, Borzeix m'invitait comme écrivain québécois à de nombreuses émissions de la chaîne radiophonique. Nous avons par la suite été voisins rue Saint-Jacques, dans le Ve arrondissement. Jean-Marie et Anni Borzeix nous ont fait connaître la France de l'intérieur, ses terroirs, son patrimoine noble, ses églises, ses habitants et leurs marchés aux puces, ces vertigineux musées de la civilisation industrielle qui parsèment les campagnes.

Borzeix insistait pour que nous sachions comprendre dans notre patrimoine québécois tout ce qui existait en France avant 1760. Versailles ou Chartres, soutenait-il, nous appartenaient autant que Blaise Pascal ou La Pléiade, ce qui n'est pas faux. Et, au cours de nos randonnées, en Corse ou en Sicile, devant les traces des civilisations qui s'étaient succédé sur les territoires, Jean-Marie a réussi à me convaincre que nous faisions de curieux colonisés puisque nos ancêtres étaient eux-mêmes des colons !

Je fréquentais aussi l'écrivain et cinéaste Jean-Marie Drot, que l'on connaît pour ses films sur les peintres de Montparnasse, venu tourner d'importants documentaires au Québec en 1963 et en 1972 à l'occasion d'un *Journal de voyage*. Pour connaître qui nous étions ces années-là, ces documents sont uniques et indispensables. Il vous faut tenter de les voir.

Nous nous sommes rencontrés, Drot et moi, au cours d'un festival de films sur l'art. Nous partagions une passion commune pour la peinture, d'autant plus vive que j'avais très jeune entrepris moi-même de peindre. Au collège Brébeuf, je fréquentais la classe de dessin de Jacques de Tonnancour. En Éthiopie, des étrangers sur place avaient acheté plusieurs de mes tableaux à une grande exposition tenue à l'Alliance française. Ces abstractions sur le thème de la ville se retrouvent donc aujourd'hui un peu partout dans le monde ! À notre retour à Montréal, j'ai poursuivi ma démarche picturale, attaché à la galerie Delrue, et offert à Robert Bourassa un paysage urbain de ma manière à l'occasion de son mariage. Et puis j'ai découvert que, daltonien (une anomalie masculine transmise génétiquement par les femmes), je me retrouvais handicapé comme une certaine partie des hommes d'ascendance canadienne-française. J'avais beau chercher à me persuader que Paul Gauguin en souffrait aussi, et me persuader d'utiliser le bleu à défaut du vert, peu à peu le cinéma a remplacé le chevalet.

En 1968, l'ami Drot m'avait introduit auprès de l'Office de radiodiffusion-télévision française (ORTF) pour que je réalise un reportage sous la direction d'Olivier Todd. Je le visitais souvent à Chatou, où il avait monté chez lui un petit musée consacré à la peinture naïve, dont plusieurs œuvres d'Haïti, un autre point commun. Quelques années plus tard, Drot, après avoir dirigé le Centre culturel français d'Athènes, nommé directeur de la villa Médicis, nous invitait ma femme et moi à Rome. Nous logions dans la chambre de la Tour dont les fenêtres et une terrasse donnaient sur les toits de la ville. Le paysage était si harmonieux qu'on y aurait passé sa vie. La villa en question est un petit palais entouré d'un vaste parc dans lequel se trouvent les résidences qu'occupent les Prix de Rome venus y perfectionner leur art, profitant pendant au moins un an d'une vie studieuse dans un magnifique jardin à l'ombre de pins parasols. J'y ai souvent côtoyé des écrivains, des politiques et des artistes, dont le grand Pierre Soulages, mais cela commence à ressembler à un bottin culturel auquel il manque forcément des douzaines de noms.

En fait, à y bien penser, vivre à Paris, c'était parfois feuilleter d'une certaine manière les pages d'un carnet mondain, car la vie sociale était perpétuellement nourrie d'échanges, de rencontres, surtout à table, à l'occasion desquelles il fallait paraître inlassablement plus informé que son vis-à-vis et tenir sans faiblir des propos inoubliables. Ah, briller! Paris était la ville des «petites phrases» assassines ou flatteuses, un art particulièrement détestable en politique comme au cours d'affrontements intellectuels. De retour à Montréal, j'étais chaque fois heureux de me reposer enfin de toutes ces parades, de toutes ces bravades qui devaient beaucoup aux vignes bordelaises.

Nous avons, ma femme et moi, partagé avec des amis québécois un pied-à-terre à côté du Panthéon, l'Église des Grands Hommes. Je vous évite les poncifs sur le décor urbain monumental et magnifique. L'architecture est aussi un langage. Nous avons dévoré de grandes et petites expositions d'art, trois fois par semaine nous explorions les arcanes des cinémas d'essai et ne comptez pas sur moi pour oublier la munificence des somptueux étals dans les marchés ou les jeux de lumière au soleil couchant sur la Seine et les tours du quai des Orfèvres.

L'un des grands plaisirs de vivre à Paris, nous y avons passé de nombreuses saisons pendant quinze ans, fut d'y recevoir des amis québécois de passage. Était-ce la distance, était-ce l'atmosphère de la ville, la convivialité des cafés et restaurants? Je ne sais, mais ces rencontres et conversations entre Québécois à l'étranger étaient riches et ouvertes, comme si plus aucun tabou n'existait. Je revois encore Daniel Latouche et Jean Larose, qui se rencontraient pour la première fois chez nous, partir ensemble explorer le parc linéaire de Paris en devisant des raisons profondes de réaliser la souveraineté.

S'il faut retenir une leçon de la France et des Français, c'est que, s'ils abusent parfois de l'esprit de grandeur, de notre côté nous nous sous-estimons trop souvent. Pourquoi serions-nous nés pour un petit pain et de petites idées ? Et puis la France nous a laissé en héritage une langue extraordinaire, un fabuleux outil d'exploration de la pensée, qui possède d'autres vertus que l'anglais américain dont nous abusons. Sachons nous en servir pour analyser, diagnostiquer, disséquer, discuter, débattre, argumenter et inventer !

M. B.-C. Vous disiez tantôt que nous n'avons plus le même rapport avec la France, que c'est un pays étranger comme le Portugal et l'Allemagne. Permettez-moi de vous contredire. Autrefois, les écrivains de la planète cherchaient à se faire une place à Paris. Aujourd'hui, ce rêve est moins répandu. Les derniers à l'avoir sont les chanteuses québécoises, qui veulent percer à Paris, parce qu'elles trouvent là un marché qui leur est naturellement accueillant, comme si le Québec finissait par découvrir les vertus économiques de la Francophonie. Il ne lui reste plus qu'à en découvrir les vertus culturelles. Vous avez maintenu toute votre vie une relation privilégiée avec la France. Le Québec peut-il survivre sans lui-même maintenir et encourager cette relation privilégiée ? Je ne veux pas avoir l'air d'un admirateur béat de la mère patrie, mais le Québec a-t-il le moindre avenir s'il ne se reconnecte pas à la France ?

J. G. Je sais que ma relation avec la France et avec sa culture est intime, unique, personnelle, inaliénable. Ce rapport s'est cristallisé dès ma plus tendre enfance, ma mère, née dans une société bourgeoise anglophile, m'a permis d'apprendre la langue de ses ancêtres irlandais. Mais mon père, né à Montréal d'une famille venue du Bas-Saint-Laurent, insistait pour sa part sur une langue française impeccable, il me défendait même, quand nous habitions le Plateau, de jouer avec des enfants qui «parlaient mal», pour lui un cheval n'était pas un joual. Bien parler avait à voir avec l'accent, mais aussi avec le lexique, l'éloquence et les idées libérales qu'il défendait bec et ongles. Son grand-père avait été député à Québec, son oncle lui avait enseigné l'agronomie avant d'être nommé ministre de l'Agriculture et de prendre la tête du Parti libéral, puis d'être élu premier ministre pendant la Seconde Guerre. Il était un Canadien français convaincu.

J'avais huit ans quand je suis arrivé à l'école Saint-Pierre-Claver, à Montréal, et je me permettais de corriger l'anglais du frère enseignant, même si j'obtenais aussi la médaille du bon parler français. Pour tout dire, j'étais fendant. Au collège Jean-de-Brébeuf, j'ai vite compris que, si ma famille vivait relativement dans la gêne (le salaire d'un fonctionnaire du Québec était minime et mon père, pour boucler les fins de mois, avait acheté une ferme confiée à un métayer qui cultivait du tabac de Virginie), c'était la maîtrise de la langue qui serait ma grande richesse. Le cours classique me convenait parfaitement, les sources latines, la connaissance du grec aussi, et surtout l'histoire de la littérature française m'intéressait plus que toute autre matière enseignée, devenant *mon* histoire, je vous l'ai souvent dit.

Choisir les lettres françaises à l'université allait de soi, j'écrivais poésie et prose avec passion depuis le début de mon adolescence. Les grands de ce monde, pour moi, se nommaient Gide, Céline, Malraux, Camus, Sartre, Prévert. J'étais culturellement fiancé à la France que j'ai littéralement épousée en convolant avec Ghislaine Reiher qui, née en Haïti, possédait une culture d'origine française traditionnelle, propre aux grandes familles métissées de Port-au-Prince.

Il ne faut pas s'illusionner, les relations du Québec avec les Français ont été rares et sporadiques. Bien sûr, nous avions la France en mémoire, surtout dans notre folklore chanté, on ne peut en dire autant de nos cousins. Les Canadiens ont attendu près de cent ans après la défaite des Plaines d'Abraham avant qu'un premier navire français, la frégate *La Capricieuse*, vienne accoster le quai de Québec. On sait comment nos ancêtres reçurent ces marchands français, avec enthousiasme, banquets et libations. Mais il n'y eut pas de suite à cette visite inattendue, la France vivait une crise d'anglophilie. De 1855 à 1960, une autre centaine d'années s'écoulèrent avant de nouvelles retrouvailles, plus joyeuses encore, mais cette fois créant des liens concrets, des amitiés sincères et des rapports entre nos gouvernants.

Aujourd'hui les premiers ministres de France et du Québec se rencontrent systématiquement et diplomatiquement, on insiste sur «la non-ingérence, non-indifférence» de Paris, on se serre la main et on s'embrasse, mais, à l'époque de Jean Lesage, l'ouverture d'une délégation du Québec, en 1961, rue Pergolèse, représentait une avancée réelle, les échanges de toute nature entre jeunes des deux pays, entre fonctionnaires des deux structures politiques et entre politiques représentaient plus qu'une valeur symbolique.

La visite du général avait inscrit le Québec sur la carte du monde. Pendant ces années-là, six de mes romans paraissaient aux Éditons du Seuil et la promotion de ces ouvrages était chaque fois, pour les journalistes de Paris, l'occasion de s'informer du combat politique et culturel que menait le Québec. Certains soirs, comme écrivain, j'étais invité à des dîners en ville, rituel immuable, pour rencontrer des intellectuels et des directeurs de journaux. La classe politique française et, surtout, les journalistes croyaient à la conclusion inéluctable de notre démarche. Nous allions devenir indépendants, souverains et partenaires d'une France qui ne demandait qu'à se réconcilier avec les «Français du Canada», selon l'appellation du général de Gaulle.

Lors de l'un de mes passages à Paris, le chauffeur de taxi, qui m'amenait de l'aéroport à l'hôtel, m'avait demandé si, au lendemain de l'indépendance du Québec, de nombreux «Français du Canada» reviendraient vivre en France comme l'avaient fait les pieds-noirs. La question en disait long sur la manière dont les informations politiques étaient comprises des Français. Par contre, plusieurs intellectuels parisiens, nés en Algérie, comme le directeur du *Nouvel Observateur* Jean Daniel, manifestaient un intérêt soutenu pour le Québec.

On ne mesurera jamais à quel point le référendum perdu de 1980 fut, pour de nombreux amis de l'Hexagone, une histoire crève-cœur. Par la suite, les relations avec les amis personnels se sont poursuivies, mais les rapports culturels et politiques se sont distendus, les braises ont refroidi. Les Français ont une mémoire viscérale de la révolution comme mode politique, l'idée qu'une révolution puisse être tranquille et fasse long feu ne pouvait leur entrer dans la tête.

Le temps a passé, il n'y a plus beaucoup de Français qui croient à notre souveraineté politique, d'autant plus que la création de l'Europe met à mal leur propre souveraineté. Bruxelles, l'euro, l'Airbus, Berlin, les séquelles coloniales en Afrique ont plus d'importance que nos discours place de Paris. Le Québec et le Canada sont désormais des marchés. Avec le temps, aussi, les générations s'éloignent de leurs cousins français, chaque vingtaine d'années une nouvelle cohorte naît qui s'intéresse moins à la France qu'au monde américain, elle voyage aussi en Asie et en Amérique latine, maîtrisant la langue des relations internationales qui n'est plus le français.

En 1960, les relations avec la France étaient affectives. Trois de mes plus grands amis sont français. La mère de mes enfants a conservé sa citoyenneté, je suis québécois canadien, nos descendants sont nord-américains. Leur maîtrise du français ravirait mon père, mais la Normandie ne les fait plus pleurer. Vous demandez si l'on peut se passer de la France, de son histoire, de sa culture, de sa présence ? Absolument pas, malgré ses déboires économiques et sa production culturelle contemporaine anémique. Elle nous est nécessaire, essentielle même, mais il faudra être patients avant de pouvoir renouer des relations simples avec les Français, qui vivent en ce moment le deuil de leur puissance politique internationale.

Je continue d'être agacé par le refus des Parisiens de se dire « francophones », comme si l'être était une tare. Plusieurs pratiques et lois françaises récentes sont inspirées du Québec, les divorces à l'amiable, les permis de conduire adossés à des points, la réhabilitation des jeunes délinquants, certaines mesures pédagogiques dans l'enseignement, mais à Paris il ne faut pas le dire, ni même utiliser nos trouvailles linguistiques, nous sommes encore perçus comme trop « rustiques ». J'ose espérer que nous n'aurons pas à attendre cent ans encore avant que Français et Québécois osent se regarder franchement dans les yeux, se dire leurs quatre vérités et poursuivre en commun l'expansion de la culture humaniste française dans le monde.

M. B.-C. Vous avez connu la France, mais aussi la Californie des « belles années » à laquelle vous avez consacré un film. Et vous dites souvent des Québécois qu'ils sont plus nord-américains qu'européens, aujourd'hui. Mais quel genre de Nord-Américains sommes-nous ? Qu'avez-vous trouvé en Californie ? Et qu'alliez-vous y chercher ?

J. G. J'étais allé en Californie préparer le tournage d'un documentaire parce que Florian Sauvageau et moi étions persuadés, au début des années 1980, après le référendum perdu, que l'attachement de la population au territoire nord-américain expliquait en partie le refus de la majorité d'adhérer à une idée « européenne », un État-nation. En fait, les intellectuels québécois branchés sur Paris n'avaient pas entendu le « son » puissant venant de la côte Ouest, mais il était évident que la jeunesse l'avait déjà adopté.

Nous avons parcouru la Californie avec un guide exceptionnel, le cinéaste Gordon Sheppard, qui affirmait qu'à Los Angeles l'énergie qu'on ressentait ne se pouvait rencontrer nulle part ailleurs. Gordon était aussi persuadé que l'ordinateur personnel (nous étions en 1982!) allait transformer et bousculer la vie de chacun d'entre nous. J'étais sceptique, mais Florian Sauvageau voulait fouiller la question plus avant, évidemment Gordon Sheppard avait, dois-je avouer, parfaitement raison. Héritier d'un président d'IBM à Toronto, installé à Montréal par intérêt pour la culture québécoise, Sheppard, grand ami de Gérald Godin, était un perfectionniste génial. Peut-être avez-vous lu le livre étonnant qu'il a rédigé sur Hubert Aquin ? Nous avons voyagé et discuté. Nous visitions des laboratoires, des établissements d'enseignement, rencontrions des icônes de la contre-culture, Timothy Leary pour l'esprit, Jane Fonda pour la mise en forme physique.

L'énorme différence entre la Californie et le Québec sautait aux yeux : de fabuleux investissements militaires faisaient exploser la recherche scientifique et les universités californiennes travaillaient en symbiose avec l'industrie et le commerce. Au Québec, nous étions pauvres, les habitants de la Californie nageaient dans la richesse et inventaient à mesure une culture que les studios de cinéma et de télévision exportaient dans le monde entier. Pourquoi cette culture séduisait-elle les Québécois ? Notre population avait en moyenne trente, trente-cinq ans et, ayant abandonné la pratique religieuse, cherchait des références spirituelles. Si, dans ma génération, nous avions construit nos rêves en écumant l'Europe, une nouvelle génération explorait la côte Ouest en adhérant aux modes californiennes les plus divertissantes. Il fallait voir, par exemple, les adeptes de Bhagwan Shree Rajneesh s'agiter dans leurs chemises orange ! Comme nos universités trop traditionnelles négligeaient de poursuivre la recherche scientifique en collaboration avec l'industrie, la créativité des Québécois allait s'exercer du côté du spectacle.

Je suis retourné en Californie deux ans après avoir tourné le documentaire, invité par le Département de français de l'Université de Berkeley. C'est à cette occasion que j'ai rencontré Daniel Latouche, qui habitait à quelques pas de notre bungalow, nous avons fraternisé et exploré San Francisco. J'ai profité de ce séjour pour écrire *Une histoire américaine*, roman traduit par la suite en plusieurs langues, peut-être à cause de son titre.

Je crois que la « nord-américanité » nous reste « naturelle », car tout ce qui relève de la culture matérielle, de l'agriculture aux moyens de transport, vêtements, boissons et nourritures, nous le devons à l'Amérique. Nos outils sont américains, nos schèmes industriels et commerciaux sont empruntés à nos voisins du Sud. Au collège et à l'université, l'étudiant québécois découvre le Vieux Continent dans ses cours de français et d'histoire, mais cette découverte est livresque. L'originalité du Québec, au xxe siècle, était d'avoir les pieds en Amérique et la tête en Europe, or cette particularité s'estompe aujourd'hui. Est-ce que je devine en vous une petite nostalgie ?

M. B.-C. *Edgar Morin disait que la vraie révolution de notre temps n'était pas venue du marxisme militant, mais de la contre-culture de l'Extrême Occident. Partagez-vous son analyse ? La Californie vous fascine-t-elle toujours, ou l'Occident au grand complet est-il devenu, pour vous, une copie plus ou moins pâle de la Californie ? Je pousse plus loin ma question : le Québec s'est-il « californisé » de manière singulière au fil des dernières décennies ?*

J. G. Edgar Morin est certes de tous les intellectuels parisiens le plus américain. Ses travaux avec Jean Rouch l'ont rapproché du Québec dans les années 1960, il a même vécu en Californie avec Johanne Harel, la vedette du film de Claude Jutra *À tout prendre*. N'avait-il pas aussi écrit sur les stars du cinéma hollywoodien ? Ancien marxiste, Morin aurait voulu être l'encyclopédiste du xxe siècle. La tâche était impossible.

L'idée qu'il a eue d'opposer les deux « révolutions », la russe et l'américaine, est amusante, mais notre sociologue néglige il me semble la révolution fasciste, dont la solution (finale) aux affrontements ethnoculturels provoque encore aujourd'hui de vastes répercussions politiques. Si le marxisme militant a sacrifié des millions d'êtres humains au nom d'une idéologie séduisante qui promettait à tous le paradis sur terre, la contre-culture proposait une morale plus douce, hédonistique, grâce aux hallucinogènes. Mais tout cela est à mon avis caduc.

Aujourd'hui, la « révolution » est d'un autre ordre, nous vivons la planétarisation de l'humanité, les nations éclatent, cinquante millions de personnes sont réfugiées dans des camps ou traînent aux frontières, déplacées par les conflits politiques et bientôt par les changements climatiques. L'Asie en trente ans a changé le visage du commerce mondial et défie désormais les États-Unis. L'Europe est encore en gestation, tiraillée par son passé. Le Moyen-Orient reste philosophiquement en décalage horaire. L'Afrique se réveille (avec l'apport des Chinois) et la révolution numérique, qui définit un nouvel espace-temps personnel et social, n'a plus grand-chose à voir avec les idées des siècles passés. Une culture planétaire a remplacé la contre-culture, Malraux disait qu'il y avait moins de distance entre Zola et Toutankhamon qu'entre les enfants d'aujourd'hui et le défenseur de Dreyfus. Au-delà de la formule, dont je ne garantis pas le mot à mot, Malraux avait raison d'imaginer le nouveau siècle comme radicalement différent de tout ce qui l'a précédé dans l'histoire de l'humanité.

Je ne crois pas que l'on assiste à une mondialisation de la Californie, ce serait anecdotique, mais je suis persuadé que la planétarisation numérique (technologie californienne s'il en est) arrive comme un puissant tsunami auquel nous ne pouvons échapper. La singularité du Québec dans cette nouvelle aventure ? Si l'on se fie au manque de curiosité des Québécois pour les informations étrangères, nous formons un peuple qui non seulement se suffit à lui-même, mais qui ne se passionne pas pour ce qui se trame et s'invente ailleurs sur la planète. J'ai beaucoup de difficulté à accepter et à expliquer ce nombrilisme.

M. B.-C. *Jacques Beauchemin me disait un jour que nous adaptions souvent au Québec les modes californiennes et les idées françaises, et pas seulement les meilleures dans les deux cas. Partagez-vous son analyse ?*

J. G. Beauchemin a raison, mais il vous l'a dit en confidence. L'ennui, au Québec, c'est que nous ne discutons pas ouvertement du « mal québécois » comme les Français, par exemple, ont débattu du « mal français ». Quiconque analyse nos travers se fait immédiatement enfermer dans une boîte à caractère idéologique : vous êtes de « gauche » ou de « droite », et personne n'ira voir au-delà, les idées sont rarement abordées pour elles-mêmes. Vous devez en savoir quelque chose, mon cher Mathieu, peu importe la pertinence de vos chroniques, elles sont lues et entendues à travers le prisme de votre personnalité. Les débats entre Québécois se muent en chicanes de famille.

Avez-vous vu le film de von Trotta sur Hannah Arendt? La cinéaste a choisi de raconter la confrontation de la philosophe avec ses concitoyens juifs à propos du procès, en Israël, d'Adolf Eichmann. C'est un film aussi rigoureux que la pensée de Hannah Arendt, réalisé avec humanité, décrivant l'appui inconditionnel que lui apporte son conjoint quand ses amis lui tournent le dos. En sortant de la salle, je me demandais qui, au Québec, aurait le courage d'affronter les Québécois canadiens-français et de leur dire la vérité, sans arrière-pensée, comme Hannah Arendt face aux Israéliens. Quel intellectuel pourrait avec compétence faire le bilan politique et économique du nationalisme clérical d'autrefois et d'allure syndicale aujourd'hui? Quel philosophe pourrait dire, comme Hannah Arendt, qu'il n'a jamais aimé le peuple, seulement ses amis, qu'un peuple est une construction de l'esprit?

Les sionistes ont traité Arendt de putain et de traîtresse parce qu'elle rapportait que certains chefs de file juifs avaient participé, d'une certaine manière, à la Shoah. À leurs yeux, elle était du côté du Mal. On ne touche pas impunément à la «pureté nationale», à la nation icône. Ainsi, nous dénonçons avec vigueur le «Québec *bashing*», mais quand nous découvrons, à notre grande honte, que la corruption était réelle, nous devenons «moroses» alors que la colère devrait nous envahir. Y a-t-il un «mal» québécois, caractérisé par des coups de gueule sans lendemain? Pratique-t-on une sorte de lâcheté que l'on déguise en tolérance, une complaisance qui n'est qu'ignorance, sommes-nous un peuple né en Amérique juste pour rire?

La démocratie, pour le meilleur et pour le pire

*Jamais la démocratie n'a fait
jusqu'ici la guerre à une démocratie.*

Jacques Attali

M. B.-C. *J'aimerais vous citer un remarquable passage de la préface du* Murmure marchand *: «La carte de crédit a comme fonction de me permettre l'achat immédiat de biens dont j'acquitterai la facture le 30 du mois. Elle a un sens. Or la compagnie qui administre les comptes, possédant un relevé des objets que j'achète depuis plusieurs années, le nom des restaurants que je fréquente, leur catégorie, la fréquence de mes visites en librairie, à la station-service, la liste des lieux de mes voyages, celle de mes hôtels préférés, de mes dépenses de bar, de petit déjeuner, et jusqu'aux pièces de théâtre auxquelles j'assiste, peut tracer un profil psychologique du "consommateur" que je suis. Ce portrait est ensuite vendu aux sociétés marchandes qui savent alors si je suis un client éventuel, et surtout, comment me séduire. La carte de crédit, détournée de son sens, est devenue une fiche anthropométrique, l'empreinte dont la police des marchandises se servira pour assurer la circulation des objets obsolètes. C'est cela qui me fait frissonner.» On relit ce passage à l'heure de Facebook avec une certaine frayeur. Pour peu qu'on définisse au moins partiellement une société libre comme une société où plusieurs espaces se dérobent à la logique des pouvoirs, qu'il s'agisse du pouvoir politique, technocratique, religieux ou marchand, croyez-vous que notre société ait perdu en liberté avec sa conversion généralisée à la technologie ? Vous avez* *lu Tocqueville : croyez-vous que tout cela ne soit qu'une étape de plus dans l'histoire de la douce tutelle que la démocratie nous impose ? Ou croyez-vous qu'un nouveau Tocqueville soit nécessaire pour décrypter l'ADN d'une société absolument sans égale dans l'histoire ?*

J. G. Quand le nouveau Tocqueville aura décrypté l'ADN de la nouvelle société, il sera trop tard pour revenir en arrière. Et qui veut revenir en arrière ? Les islamistes, les écolos radicaux, les marxistes !

Un critique facétieux de mes amis, à Bruxelles, soutenait que les avant-gardes littéraires étaient inévitablement condamnées à céder la place à des après-gardes littéraires. Les technologies numériques, électroniques, biologiques et électriques forment les après-gardes de la liberté démocratique. Tout se passe comme si nous avions épuisé le plaisir de penser et de façonner une société à notre ressemblance. Nous entreprenons de la robotiser sous surveillance. C'est Einstein qui disait que le jour où les hommes interagiraient par la seule technologie, le monde connaîtrait une génération de débiles mentaux ?

Serions-nous maintenant en postdémocratie ? Il reste évidemment des vestiges du système, des élections, des parlements, des programmes politiques et un État de droit, mais les élections, si elles ne sont pas truquées par les agences de communication, peuvent s'acheter malgré toutes les lois de financement ; les parlements bien évidemment siègent encore, avec des commissions d'enquête, des ministres et des députés, mais ils ne sont plus le lieu de la pensée et de l'éloquence, ils ressemblent à des cours d'école où les élèves se chamaillent en prétendant qu'un gang est plus fort que l'autre ; les programmes politiques sont bien rédigés par des comités, votés par les membres d'un parti, mais ils sont calibrés pour plaire au plus grand nombre et rarement mis en place après la victoire sous prétexte que le parti défait avait déjà vidé la cagnotte ; pour ce qui est de l'État de droit, il n'y a aucun doute, les lois existent, elles s'améliorent parfois, la police en général réussit à les faire respecter, mais le système judiciaire est engorgé et coûte si cher que l'on peut se ruiner en cherchant à obtenir justice.

Dans le film que Steven Spielberg a consacré à Lincoln, on apprend que l'abolition de l'esclavage au nom de l'égalité des êtres humains n'a été possible que grâce à la corruption, à la ruse et aux restrictions mentales du premier président de la plus grande démocratie moderne. C'est de la même façon qu'en notre pays, comme en France d'ailleurs, fut abolie la peine de mort contre la volonté populaire. La décision d'un chef politique pouvait l'emporter sur la « douce tutelle » des citoyens.

Le gouvernement du peuple par le peuple demande parfois des entorses à l'idée que l'on se fait des décisions « démocratiques ». Reste que les grands débats politiques, comme les idéologies, sont choses du passé, les législateurs sont coincés maintenant dans des discussions morales, l'euthanasie, le mariage homosexuel, la mère porteuse, l'avortement, les OGM ou le pétrole, des enjeux dont la société discute comme elle se passionne pour les faits divers.

Les grands défis démocratiques sont derrière nous : les gouvernements, interreliés par la mondialisation des flux financiers, sont désormais plus ou moins impuissants. Un gouvernement démocratiquement élu ne peut garantir à ses citoyens le filet social ou l'environnement sain promis que si l'équilibre de son budget le permet, or cet équilibre dépend de l'univers financier international, en bonne partie gangrené par les mafias et les conglomérats financiers, à l'abri de tout contrôle. La liberté réelle d'agir pour le peuple par le peuple s'est lentement évaporée.

Le XIXe siècle a inventé la démocratie, je ne sais quel nom on donnera à cette postdémocratie qui s'installe présentement. Hier, dans une agglomération, les villageois étaient libres de leurs mouvements et de leur pensée, mais ils demeuraient solidaires, on savait ce que chacun mangeait et buvait, si celui-ci allait à la messe, qui avait une maîtresse, qui accumulait un magot, quelle était son allégeance politique, à quelle publication l'un ou l'autre s'abonnait. La postière, le boucher, le curé, le notaire, les vieilles filles derrière les rideaux tirés, les lignes téléphoniques doubles et le reste étaient le Facebook de la petite société. Or on pouvait s'en échapper, partir en ville, retrouver la liberté dans l'anonymat.

Cet exil n'est plus possible dans le village global. La toile d'araignée du système marchand vous englue et vous tient prisonnier. Les voisins qui, dans le système rural, vous espionnaient vous suivent sur votre page Facebook. Les gouvernements qui espionnent vos communications, cartes à puce et réseaux sociaux sont vos nouveaux tuteurs. Les sociétés numériques se contrefichent de la démocratie, elles travaillent à leur profit et à celui des financiers qui contrôlent la Banque qui les contrôle à son tour. La postdémocratie du village global est une aventure commerciale qui a comme premier souci de vous donner l'illusion de la liberté, les marchandises abondent et vous êtes l'une d'elles. La douce oppression des électeurs a cédé la place aux lobbies. Voyez les lois sur le contrôle des armes, à Washington !

Ce n'est pas sans intérêt qu'un fabricant new-yorkais en 2013 offrait des vêtements qui défient les caméras de surveillance : emmailloté dans un manteau fait de nickel et d'argent, avec une cagoule et un foulard de même tissu, vous pouvez déjouer les systèmes de détection thermiques, les drones de la Gendarmerie royale et les radars. Le même fabricant offre des étuis de téléphone portable en métal, spécifiquement conçus pour que votre appareil soit indétectable, car même éteint celui-ci dégagerait un indice de présence.

Votre ordinateur est l'ADN de votre sociabilité et de votre transparence. Je soupçonne que la paranoïa, encouragée par l'industrie de la « sécurité », va se substituer à la lutte des classes. Personnellement, cette postdémocratie ne devrait guère me gêner, je suis un vieux démocrate, mais est-ce que tous les démocrates sont vieux ?

M. B.-C. Vous parlez de postdémocratie. Le thème est fondamental : c'est une question classique de la philosophie poli-

tique. Celle du régime dans lequel nous vivons. Pourtant, elle est occultée dans notre société. On a tellement l'impression de vivre en démocratie qu'on ne prend plus la peine de se demander ce qu'est la démocratie. On la réduit finalement à une société socialement délivrée de la morale traditionnelle et balisée par les droits de la personne garantis par les tribunaux. Mais le pouvoir collectif est disparu, le peuple a de moins en moins d'emprise sur son destin tant ce pouvoir est aujourd'hui dispersé entre les médias, le capitalisme mondialisé, les bureaucraties et les tribunaux. Vous dites que vous êtes un vieux démocrate : mais qu'est-ce que cela peut bien vouloir dire, aujourd'hui, être démocrate ?

J. G. La démocratie est une doctrine protéiforme qui prend la couleur de la culture ambiante, et la nôtre se satisfait d'un exercice tranquille. Je crois pour ma part à l'égalité des citoyens devant la loi, à la démocratie représentative, à l'État de droit et je préfère le système parlementaire britannique avec sa royauté symbolique à une république présidentielle, car je n'aime pas l'idée d'un individu président qui incarne tout un peuple. Mais je reste prêt à en débattre, il y a plusieurs types de républiques, et même des islamiques.

Pour le reste, vous avez raison, comme individus, l'impuissance nous guette. Cette année encore (nous sommes fin avril 2013), les échéances fiscales rédhibitoires nous rappellent notre situation de citoyens sans défense face à l'État. J'ai mal à la démocratie quand je fais parvenir mes déclarations de revenus et dépenses au percepteur. Comment disposera-t-on de mon argent ? On va certainement en gaspiller une bonne partie, j'en suis persuadé. Fonctionnaires, ingénieurs et mafiosi l'ont bien prouvé en tripotant depuis plus d'une décennie mes taxes municipales, provinciales et fédérales !

Le gouvernement exige la solidarité des citoyens, vais-je longtemps encore payer pour les caprices des lobbies ? Pire encore, la démocratie représentative est devenue une démocratie de *représentation* : l'image importe plus que la réalité ! Nous croyons recycler hebdomadairement, par exemple, verre et papier pour plaire aux écolos, gaspillant de l'eau chaude pour nettoyer les pots de confiture, or les éboueurs en transportent une bonne partie dans des sites d'enfouissement comme jadis. L'exercice coûte cher et n'est que mensonge, mais les autorités sauvent la face.

À en croire les médias, les services de santé sont mal gérés, le système d'éducation inefficace, les infrastructures, négligées, la justice coûteuse, les programmes sociaux sont inadéquats, les démunis sont oubliés, l'armée canadienne est mal armée, le pays dispose d'un réseau médiocre d'ambassades, les subventions aux entreprises sont souvent des cadeaux inutiles, c'est sans fin, je m'arrête. Le peuple était corvéable à merci sous la royauté, et nous alors en démocratie ?

J'entends que le parti au pouvoir propose une « gouvernance souveraine » ? Combien pour ce colifichet ? Le peuple est souverain, cela me suffit, les élus pour l'instant devraient mettre de l'ordre dans les lois, les règlements, les programmes, les structures, et exiger des fonctionnaires qu'ils agissent au service des contribuables. Montréal est une métropole que les souverainistes ont négligée, l'abandonnant à des voleurs et à des incompétents sous prétexte que le «national» (on se hausse du col) était plus important que l'avenir de la seule grande ville du Québec! Pendant que l'on rêve de quitter le Canada, ce dernier, vous le savez comme moi, nous quitte peu à peu.

Je ne prône pas la révolution, j'exige des réformes, et le jour où les Québécois auront géré honnêtement et avec imagination leur coin d'Amérique je serai prêt à discuter de partage du territoire avec les Canadiens. Les outils d'émancipation sont à notre portée, mais nous préférons nous soûler de mots et de slogans plutôt que de nous astreindre à les utiliser intelligemment. Voilà à quelles réflexions mène une feuille d'impôts!

M. B.-C. *Vous vous en souvenez, Francis Fukuyama avait annoncé la fin de l'histoire. Nous serions désormais installés dans une société apaisée, sans grandes querelles existentielles, la vie se réduisant finalement à la consommation passive ou extrême des plaisirs privés. Pascal Bruckner en rajoutait : ce serait l'heure de la mélancolie démocratique. Nous étions finalement tristes de nous savoir si apaisés. Pourtant, nous entrons dans un monde chaotique, sous le signe de la crise de la mondialisation, de la crise du capitalisme, de la crise du multiculturalisme, et ainsi de suite. Je crains un monde où la violence politique redeviendra à la mode. Où les émeutes urbaines se multiplieront. Où la tentation radicale, à gauche comme à droite, se manifestera de nouveau. Craignez-vous comme moi que les années de la démocratie douce soient derrière nous ?*

J. G. Je vais vous confier un secret : le soir venu, vers minuit, avant de m'endormir, depuis de nombreuses années et de plus en plus, je me réjouis d'habiter ce coin d'Amérique du Nord qui ne provoque pas l'envie des masses. Un beau-frère haïtien me répétait, à chacune de ses visites, que l'hiver nous protège et c'est en partie vrai, nous disposons d'un vaste territoire d'épinettes en manque de sable blanc. Et qui peut imaginer des chars d'assaut traversant nos champs et nos forêts ? Pour aller où ? La Pologne ou la Hongrie ont servi pendant des siècles en Europe d'autoroutes au passage de hordes barbares. Nous ne sommes, Dieu merci, sur le chemin de personne et d'aucune ambition.

Notre population est foncièrement pacifique (je n'ai pas dit pacifiste), à preuve, dans tout autre pays un référendum sur la souveraineté perdu, comme en 1995, par moins d'un point de pourcentage aurait provoqué une guerre civile. Or une seule brique fut lancée par un citoyen frustré dans la vitrine d'une librairie anglaise, puis chacun a repris sa vie comme avant, souvent avec amertume, mais sans idée de vengeance. L'indépendance du Québec, écrivait Daniel Latouche il y a plus de vingt ans, ne saurait justifier la mort d'une seule personne. Les frasques du Front de libération du Québec (FLQ), comme la Loi sur les mesures de guerre, ne nous ressemblaient pas. Néanmoins, nous sommes sur une planète agitée. Je ne vois pas ce que l'on peut y faire, sauf s'en inquiéter.

La mondialisation promettait la fin de l'histoire, comme l'imaginait Fukuyama, puisqu'elle proposait de substituer le commerce à la guerre, mais c'était croire que la cupidité et le goût du pouvoir disparaîtraient d'emblée. L'angélisme est une idéologie dangereuse. Hélas, l'état du monde n'est et ne sera jamais réjouissant ou pacifié par le marché. Le communisme exsangue a cédé la place à l'islam politique, dont Régis Debray disait justement qu'il avait connu la Renaissance avant le Moyen Âge.

Les islamistes, qui ont mis à feu et à sang l'Égypte, la Tunisie, la Libye, le Mali, et se sont manifestés en Afghanistan, en Irak, en Syrie et en Turquie, ont comme objectif la destruction de l'Occident. L'Iran de son côté menace Israël, qui lui rend la pareille. L'islam politique est implanté depuis des siècles en Afrique et en Asie. Devant les espoirs de califat de ses militants les plus radicaux, nourris d'une idéologie médiévale, comment pourrait-on croire que nous nous berçons dans une mélancolie démocratique ? Quand je pense à Zia, la petite dernière de ma tribu, qui atteint quatre ans cette année, et à son frère Quentin, mon arrière-petit-fils de six ans, je ne vous étonnerai pas en vous avouant que je fais des cauchemars. Ma femme, pour me rassurer, m'affirme qu'ils sauront comme nous s'adapter, mais je regrette de ne pouvoir leur offrir le privilège que nous avions d'être nés loin des champs de bataille. Je me demande parfois si la guerre froide n'était pas préférable au terrorisme contemporain.

M. B.-C. *La vie des idées est indispensable à la cité. C'est une question rituelle, celle du rôle de l'intellectuel. On le sait,* *les réponses sont nombreuses : entre le spectateur engagé de Raymond Aron et l'observateur « débranché » à la Gérard Bergeron et le compagnon de route des grandes causes révolutionnaires à la Sartre, et peut-être pire encore, l'intellectuel encarté qui sert de caution philosophique à un mouvement, en devenant lui-même homme de parti, l'histoire du dernier siècle nous permet de repérer plusieurs rapports possibles entre l'intellectuel et la cité. Les intellectuels ont-ils un rôle, autre que celui que chacun d'eux désire se donner ? Et quel était votre rôle comme intellectuel dans une société qui ne vit pas très bien avec ses intellectuels ? Quel est le rôle de l'intellectuel aujourd'hui ?*

J. G. Je n'étais pas peu fier de me dire un « intellectuel » à l'aurore de la Révolution tranquille, même si cela portait certains à rire de ma prétention, d'autres à se méfier de mes propos. Jusqu'en 1960, on le sait, il fallait porter soutane pour avoir le droit de se mêler des questions de société, ce qui, dans le meilleur des cas, revenait à discuter des encycliques comme projets politiques. Dans ces quartiers, l'on n'opposait pas tant Raymond Aron à Jean-Paul Sartre, croyez-moi, plutôt les Dominicains aux Jésuites.

De nouvelles têtes d'intellectuels apparurent peu à peu, qui n'appartenaient pas à des chanoines, dans des débats à propos du système d'éducation, dont la création d'une nouvelle université que reluquaient justement les Jésuites. Les professeurs de l'Université de Montréal se prononçaient pour la laïcité, comme plusieurs écrivains je réclamais des écoles non confessionnelles, nous avions été, en 1959, le premier groupe d'intellectuels à exiger la création d'un ministère de l'Éducation. Les médias nous étaient favorables, avec la complicité des journalistes la société canadienne-française évoluait rapidement, mais dans les médias la culture profane se cultivait en rotation : au micro, les psychiatres remplaçaient les curés moralistes, puis cédaient la place aux sociologues pendant quelques années, ces derniers peu à peu étaient remplacés par les politologues avant qu'on accorde la parole aux économistes, et ainsi de suite, comme si notre société était incapable d'assimiler un savoir diversifié. Mais enfin, nous n'allions pas nous plaindre ! Chacun faisait avancer ses idées à l'antenne de Radio-Canada ou de CKAC aujourd'hui disparu. J'affirmais mon credo dans les petites revues ou même dans les magazines, je collaborais aux *Lettres françaises,* le journal d'Aragon, et à la mouture en français du magazine *Maclean's* que Jean Paré allait transformer en acquérant la revue cléricale *L'actualité* pour lui donner une tout autre mission. Je me disais, citant Rimbaud, « la main à la plume vaut bien la main à la charrue ! »

L'ennui, c'est qu'au Québec on ne traite à fond qu'*un problème* à la fois. Après le choc culturel de l'Exposition universelle de Montréal, la création du Mouvement souveraineté-association (MSA) mettait la table pour les dix ans à venir. La question nationale occupant désormais tous les esprits, j'ai proposé alors que l'on saborde le MLF que je présidais. Les dieux de la consommation avaient délogé la pratique chrétienne, le dimanche matin les gens n'allaient plus à la messe, mais traînaient devant les vitrines des centres commerciaux, le Québec s'était sécularisé sans toucher à ses icônes ou à ses structures. Symboliquement, on avait même édifié l'Université du Québec à Montréal (UQAM) autour d'un clocher désaffecté !

Pendant une vingtaine d'années, les intellectuels universitaires avaient joué un rôle essentiel dans les débats, mais peu à peu ils se retiraient de la place publique, l'université évaluait désormais ses professeurs selon leurs publications savantes et non pour leur apport à la société. Les sciences humaines et littéraires, à la recherche de subventions, empruntaient de plus en plus de façon mimétique la démarche des facultés scientifiques et leurs propos devenaient très pointus. Les micros et caméras se sont alors tout naturellement tournés vers d'agréables conversations avec des comédiens, des musiciens ou des humoristes. Les écrivains, assimilés aux amuseurs, pouvaient toujours débattre, je ne m'en privais pas, mais nos interventions perdaient de la pertinence depuis que la société du spectacle mettait en scène le spectacle de la société. Nous habitions un cirque perpétuel, un festival, une fête à peine interrompue par des campagnes électorales au cours desquelles les politiques venaient pousser la chansonnette entre deux vedettes de variétés. Aujourd'hui, le Québec est un vaste parloir envahi par les publicitaires commerciaux qui s'assurent que le peuple soit diverti jusqu'à plus soif.

On ne sait penser le monde qu'en écrivant, que ce soit dans le cyberespace ou sur papier. Les outils changent, mais Voltaire serait demeuré Voltaire, même avec Internet. La place de l'intellectuel dans cet environnement ? Il peut se nicher dans une maison de presse ou d'enseignement, utiliser les tremplins disponibles, réfléchir, étudier, publier, enseigner : *semer le doute*.

M. B.-C. *Vous écoutez trois bulletins télévisés par soir. Mais vous êtes surtout de la génération pour qui la lecture des journaux était un rituel matinal presque religieux. Était-ce votre cas ? Et l'est-ce toujours ? Comment lisez-vous les journaux ? Poussez-vous même la rigueur jusqu'à lire les pages économiques ? Et lorsque vous êtes à l'étranger, goûtez-vous ce plaisir singulier d'acheter la presse locale comme si vous étiez d'un coup du pays, en vous intéressant à ses controverses, belle comédie, s'il en est une, qui permet à chacun de poser pour quelques heures à l'homme du monde ?*

J. G. En 1977, j'avais choisi *L'Angélus* comme titre de travail du documentaire sur les informations télévisées que je souhaitais tourner, car si nos ancêtres se découvraient à midi pour saluer le Seigneur, nous étions des millions de spectateurs subjugués par le bulletin national quotidien qui occupait un créneau incontournable. Mon ami Louis Martin, directeur de l'information à Radio-Canada, m'avait suggéré de rencontrer à Québec Florian Sauvageau, qui enseignait en journalisme. Nous avons réalisé ensemble *Derrière l'image*, une description minutieuse de la façon dont la télévision formatait l'information.

Ce documentaire a été, à l'époque, télédiffusé en entier (cent treize minutes) à la télé d'État sans interruptions publicitaires et les gens du métier l'ont reçu avec intérêt.

Mais je ne me suis pas pour autant débarrassé du rituel et je compare encore tous les soirs la manière dont les Français (TV5), les Américains (CBS) et les Québécois (RC) regardent le monde. Il m'arrive même de faire une incursion en Canada (CBC) ou chez les Anglais (BBC). Nous ne sommes pas gagnants. Les citoyens du Québec ont droit à une approche de plus en plus paroissiale de l'information télévisée. Je vous avoue que je ne comprends pas ce qui se passe dans les officines de la télévision d'État ou même à TVA. Je suis prêt à parier que la «peur multiforme» que décriait le *Refus global* est de retour dans les bureaux de direction : peur des autorités et des institutions gouvernementales, peur des lobbies de l'argent ou de la morale, peur d'oser innover, peur de déplaire aux commanditaires, peur de son ombre en pleine nuit.

Les jeunes journalistes doivent être inquiets aujourd'hui, et la menace d'extinction des journaux sur papier n'est pas pour les rassurer. Le plus incroyable est que l'abondance des antennes de diffusion, l'abolition du temps que mettaient jadis les reporters à faire parvenir leurs correspondances et l'augmentation du niveau de scolarité, plutôt que de donner naissance à une société avide de savoir et de s'informer en profondeur, semblent au contraire dispenser les citoyens de cette responsabilité et les encourager à se satisfaire de succédanés comme les plaisirs de la bouche ou les potinages du show-business.

À l'étranger comme chez moi, je parcours toutes les rubriques des journaux. Hors le sport, les pages affaires me fascinent comme tout le reste, on y trouve des drames et des enjeux environnementaux étonnants, mais en voyage je ne peux m'empêcher de découper des articles que je glisse dans ma valise, car ils me semblent aborder des sujets que je ne vois jamais apparaître dans les journaux québécois. Et puis, vous avouerais-je, je lis aussi le *Globe & Mail* de Toronto, qui reste le meilleur journal canadien, toutes provinces confondues. Et là encore je m'indigne et me désespère : comment nos quotidiens peuvent-ils ignorer des enjeux internationaux comme le territoire polaire dont on parle beaucoup au Canada ? Pourquoi n'abordons-nous jamais la gestion des forces armées, sauf si le coût d'un avion ou d'un bateau dépasse l'imagination, et ne discutons-nous pas de l'action de nos diplomates à l'étranger ? Qui nous a persuadés que notre nombril était le Centre du monde et la tragédie de Lac-Mégantic, à laquelle nos médias ont consacré un mois de reportages, aussi importante que les bombes du 6 et du 9 août sur Hiroshima et Nagasaki qui n'ont eu droit qu'à deux minutes d'attention ? D'où vient-il que l'on s'adresse le plus souvent à nos émotions primaires plutôt qu'à notre intelligence ? Et voilà que Aaron Sorkin, le génial auteur de la série américaine sur la Maison-Blanche *(The West Wing),* produisait en 2013 une autre série, *The News Room,* inventant un journal télévisé utopique. En regardant ces émissions, je me console, me disant que nous sommes quelques-uns à encore rêver à l'importance de l'information pour adultes.

La tentation politique ?

*À partir de quel moment me suis-je insensiblement
laissé détourner de moi-même par les autres,
non en ce qui concerne mes idées, mes goûts et mes sentiments,
certes, mais pour mes occupations, mes responsabilités
et mes promesses ?*

Jean-François Revel

M. B.-C. *J'aimerais commencer ce chapitre de nos entretiens en rappelant une querelle permanente dans votre vie : celle que vous cherchez à la religion, l'Église, ou, me direz-vous plutôt, contre le cléricalisme. Vous avez vécu votre jeunesse dans une société dominée par l'Église catholique et vous avez conservé contre elle de sérieux griefs. Probablement avec raison. Cela vous a amené à fonder le Mouvement laïque et à y poursuivre une durable activité militante. Mais ne doit-on pas constater qu'avec la chute de l'Église le sentiment religieux s'est moins dissipé qu'il ne s'est reporté sur de nouveaux objets, d'autant plus qu'il a été récupéré par une logique marchande qui le falsifie ? On voit partout des gourous, des* coachs *de vie, des psychothérapeutes, qui se présentent à la fois comme des marchands de bonheur et des guérisseurs de l'âme humaine. Ou encore, on voit naître une grande religion de substitution, l'écologisme, avec ses évêques, ses rites, ses prières, ses méthodes d'excommunication. Vous me voyez venir : n'avons-nous pas troqué un mal pour un autre mal ? L'esprit humain peut-il se satisfaire de l'athéisme ? Si les aspirations spirituelles des individus et des peuples ne sont pas prises en charge par les grandes religions, ne risque-t-on pas d'en arriver à une société encore plus religieuse, mais qui n'en est pas consciente parce qu'elle se croit émancipée et qui, pour cela, se montre incapable d'entendre la moindre critique ?*

J. G. Si je vous entends bien, les individus comme les peuples ont besoin de croire en Dieu ? En ce sens, vous préféreriez que les grandes religions survivent plutôt que de voir apparaître mille et une croyances ridicules. Vous avez probablement raison, un ennemi connu est préférable à un ennemi imprévisible. Cela étant, vous ne saurez me convaincre que l'Homme ne peut se passer de la foi. Mes petits-enfants, qui n'ont pas été baptisés, sont athées. Ils ne pensent pas à la religion, ils ne cherchent pas de Premier Moteur, ils ne rêvent pas de transcendance, ils ont été élevés dans l'idée que leur rôle sur terre est de se comporter comme des citoyens responsables et solidaires. S'instruire, chercher le bonheur, aider les autres, s'inquiéter des exploités, défendre les humiliés et les exclus, je ne sais si cela est chrétien ou bouddhiste, mais je doute qu'il faille faire appel à Jésus ou à Mahomet, ou à tout autre gourou, pour se comporter humainement.

L'aventure des *Sapiens* est très récente, quinze, vingt mille ans ? Déjà la famille des Néanderthaliens est disparue, d'autres *Sapiens* l'ont emporté on ne sait pourquoi, et peut-être cette aventure humaine sera-t-elle plus brève encore qu'on le croit, si l'on se fie au bilan de l'exploitation planétaire. Qu'importe, ce qui compte, c'est que depuis la vie primitive dans les grottes (avez-vous déjà examiné une main anonyme tracée au pochoir il y a plus de dix mille ans sur les parois d'une caverne ?), l'esprit humain n'a cessé de se questionner sur son rôle, sa raison d'être, le sens de la vie, l'importance du cosmos, le cycle des saisons.

De génération en génération notre esprit s'est peu à peu ouvert à la lumière des sciences, le savoir s'est engrangé. Nous commençons à peine à ne plus croire à la nécessité d'un Être supérieur, d'une Intelligence qui aurait pensé et organisé la Vie et qui, parfois, sortirait de son rôle pour intervenir auprès de ceux qui prient. Bien sûr, des foules se comportent encore comme à l'aube de l'humanité, c'est que les milliards d'êtres humains qui coexistent sur terre ne vivent pas dans le même espace-temps. Tout ce que je souhaite, c'est que nous soyons les plus nombreux possible à prendre la mesure de l'homme, cet extraordinaire accident de la nature.

La mort est au cœur de toutes les dérives intellectuelles et de tous les délires religieux : accepter de disparaître et de n'avoir été qu'un moment de l'aventure n'est pas facile, mais un peu d'humilité, que diable ! Nous avons tous, par le simple fait que nous vivons, le plaisir d'être un élément, un chaînon, un lien, un passeur, je sais que j'ai remplacé mon père et que mon fils me remplace déjà, et c'est là justement la beauté de l'évolution, dont nous venons il y a si peu de prendre conscience. Depuis quinze ans, à peine avons-nous la preuve qu'il existe des milliards de galaxies, d'étoiles et de planètes dans un univers en expansion.

Qui a besoin d'un dieu ? Les angoissés, ceux qui souffrent et se désespèrent, les effrayés de la mort que les religieux entreprennent d'embobiner, leur racontant des histoires à dormir debout. Pourtant les enquêtes scientifiques semblent prouver que la religion déprime les dépressifs ! Les religieux ont des intérêts à défendre, ils créent des rites, prennent le contrôle de la nourriture et de la sexualité, et c'est encore, vous avez raison, ce que font les plus récentes Églises comme hier les plus vieilles. Elles misent toujours sur la peur, celle de la disparition de la nature, par exemple, qui a donné naissance à l'écologisme radical.

Ce n'est pas une raison pour mettre un abat-jour sur les Lumières ! L'humanité est encore dans une phase primitive, nous avons pour tâche, en tant qu'intellectuels, de dénoncer l'aveuglement sous toutes ses formes. Il ne faut pas croire qu'elle va troquer un mal (la foi religieuse) pour un mal pire encore (je vous laisse le choix) si nous tentons de lui faire comprendre son irréductible naïveté. Le temps des contes de fées, en ce XXIe siècle, me paraît révolu. Accepter le destin de l'humanité offre, me semble-t-il, la seule réponse à la quête de sens que les religions ont tenté à ce jour de monopoliser. Ce destin ? Poursuivre une aventure aussi improbable et fascinante que celle des récits de Ray Bradbury, en attendant d'émigrer sur une autre planète.

M. B.-C. *Mais dans la mesure où les dogmes d'hier ont simplement été remplacés par ceux d'aujourd'hui, trouvez-vous que la liberté intellectuelle est en bonne santé dans le Québec actuel et dans les sociétés occidentales en général ? Car les dogmes d'aujourd'hui sont bien puissants : les civilisations sont toutes « égales », les sexes sont de pures constructions sociales et rien ne devrait entraver la poursuite de leur* nivellement égalitaire, les peuples n'ont plus besoin de frontières, et d'ailleurs, ils sont appelés à se fondre ensemble dans un grand métissage généralisé, qui donnera un nouveau visage à l'homme nouveau : l'homme sans préjugés ni appartenances, parfait citoyen du monde, porteur de droits et prêt à se plier aux exigences du capital mondialisé. Normalement, ces dogmes, on les associe à la rectitude politique. Sentez-vous que la « pression au conformisme idéologique » est aussi forte de nos jours que pendant vos jeunes années ou avons-nous vraiment progressé dans la liberté de l'esprit ? La société médiatique est-elle une société de liberté ?

J. G. Tout être sensé sait que les civilisations ne sont pas toutes admirables et que l'égalité entre les hommes est un leurre. Cela n'empêche pas de devoir respect aux civilisations et aux cultures diverses, anciennes ou primitives, ni de tenter des efforts pour que l'inégalité à la naissance ne soit pas une source d'exploitation. Certaines idées reçues méritent de l'être et n'exagérons pas la prégnance des utopies dites de gauche. Vous voyez des dogmes à l'horizon ? En dehors de ceux des grandes religions ou des petites dictatures ? La liberté d'esprit et d'expression a progressé, même si nous entendons chaque jour au micro des amuseurs publics qui ignorent jusqu'au sens des mots : il semble qu'« être lucide », au Québec, soit devenu une maladie de droite ! Est-ce que l'obscurantisme serait maintenant une vertu de gauche ? Je propose que l'on distribue des dictionnaires dans les salles de rédaction !

Les vérités indiscutables sont tombées, me

semble-t-il, sous le couperet de l'ethnographie et de l'anthropologie. La relativité dans le domaine physique, après Einstein, et le relativisme des idéologies, après les massacres soviétiques et hitlériens, me paraissent un héritage positif du XXe siècle. Évidemment cela n'empêchera jamais certains d'adhérer à différentes croyances, de la supériorité de la race blanche à l'existence d'un Dieu omniscient. La suprématie d'un être supérieur est même affirmée dans le préambule de la Constitution canadienne, raison de plus de ne pas y adhérer, comme sur les billets de banque américains, raison suffisante de ne pas les adopter !

Que peut-on y faire ? J'ai cru, moi aussi, à l'existence des anges gardiens jusqu'à l'âge de sept ans, le mien se nommait Louis et il était mon fidèle confident, puis sans prévenir il est disparu dans la nuit des temps. D'autres hommes ont plus de chance, les séraphins et les chérubins sont avec eux. Grand bien leur fasse ! La pression du conformisme idéologique était, dans mon enfance, plus forte qu'aujourd'hui. Notre sainte mère l'Église et notre Maître le Passé pesaient plutôt lourd sur les esprits et ne laissaient que peu d'espace pour respirer. Puis, avec le temps, l'autorité a échappé aux soutanes et aux Anglais.

Mes enfants et leurs descendants sont des êtres libres, plus libres encore au Québec que s'ils avaient vécu leur vie entière en France ou aux États-Unis, nos deux références coutumières. Les choix politiques de gauche et de droite dans ces pays sont ridiculement irréconciliables. Au Québec, la majorité des citoyens se situe politiquement au juste milieu, là où trois partis prétendent les attirer quand ils font des compromis sur leurs principes. Je pense que ce juste milieu demeure, pour l'instant, un territoire inexploré, un *no man's land,* comme on dit en *british,* une politique encore en friche.

M. B.-C. J'évoquais vos engagements. Mais vous avez aussi observé la vie politique avec un pas de côté et un demi-sourire. Vous avez fréquenté les hommes politiques. Vous avez vu ce qui les rassemblait (une même culture, une même origine sociale, et ce que vous appelez le «privilège du premier arrivant»). D'une certaine manière, vous êtes bon sociologue de la nouvelle élite qui a propulsé la Révolution tranquille et qui a été propulsée par elle. Mais l'écrivain est un homme qui ne saurait réduire la politique aux idées. Il travaille aussi à dégager les caractères. Sur le plan des caractères et, peut-être, des «motivations profondes», celles qui ne s'avouent pas, mais qui nous animent profondément, qu'est-ce qui distinguait, selon vous, René Lévesque de Robert Bourassa et Jacques Parizeau de Lucien Bouchard?

J. G. Il faut rappeler que René Lévesque et Robert Bourassa n'appartenaient pas à la même génération. Le premier était né au Nouveau-Brunswick en 1922 ; après avoir étudié chez les Jésuites à Gaspé et à Québec, il avait fréquenté quelque temps l'Université Laval. Le second, né à Montréal en 1933, ayant étudié aussi chez les Jésuites, avait complété des études de droit dans sa ville, puis obtenu un diplôme en économie politique à Oxford. L'un était parfois brouillon, l'autre avait le profil de l'universitaire. L'un était âgé de dix-huit ans quand éclatait la Seconde Guerre mondiale, l'autre venait tout juste d'avoir six ans. René Lévesque s'était engagé comme journaliste dans l'armée des États-Unis, il avait vu en Europe les malheurs provoqués par le nationalisme hitlérien. De retour au pays, la télévision en avait fait un personnage crédible et célèbre, adoubé par son rôle dans la grève des réalisateurs de Radio-Canada.

Robert était pour le public un parfait inconnu. Lévesque et lui avaient cependant travaillé tous deux sous Jean Lesage, dans le gouvernement libéral, et se respectaient. On peut même rappeler que Bourassa envisageait de se joindre à Lévesque quand celui-ci avait claqué la porte, mais Robert était un homme prudent. Je crois qu'il avait calculé avec justesse que le plus court chemin vers le pouvoir n'était pas de devenir le ministre des Finances de son confrère. Pour Bourassa, la politique était un plan de carrière, il militait chez les libéraux depuis son adolescence. René Lévesque, au contraire, se retrouvait en politique « malgré lui », c'était déjà une différence profonde. Robert était un marathonien, un nageur, un roseau qui pliait sans jamais rompre. M. Lévesque un homme solide, de petite taille, fonceur.

La vie est faite d'anecdotes révélatrices : je suis à la résidence secondaire de Jacques Parizeau par un chaud après-midi, parmi les invités il y a Camille Laurin (le père de la loi 101) qui revient de son voyage de noces en Europe, il ne cesse de chanter des airs d'opéra, mais se trouve là aussi René Lévesque, qui a bien envie de se baigner. Je l'accompagne en maillot de bain jusqu'à un étang qu'a fait creuser le maître des lieux. « Vous plongez ? » me demande le premier ministre, prudent je rétorque : « Pas sans savoir si l'étang est assez profond. » Lévesque éteint alors sa cigarette et se jette à l'eau, tête première. J'enregistre que nous n'abordons pas l'inconnu de la même manière.

Des deux personnages, René Lévesque était le plus américain, Robert Bourassa, profondément canadien-français, issu de famille modeste, allié par mariage à l'une des grandes fortunes de la province. Le journaliste et l'économiste avaient choisi tous deux d'affirmer la primauté nationale du Québec dans un long combat politique avec le gouvernement fédéral et les autres provinces du Canada. Ni l'un ni l'autre n'a gagné son pari, ni souveraineté-association, ni nouveaux accords constitutionnels. René Lévesque était plus démocrate que souverainiste, Bourassa tout à fait l'homme de parti. Je pense qu'au bord de l'étang, chez Parizeau, Robert n'aurait pas plongé non plus. Il avait l'habitude de faire des longueurs dans une piscine, un lieu rigoureusement prévisible.

C'est après la disparition de René Lévesque et de Robert Bourassa que les Jacques Parizeau et Lucien Bouchard se sont retrouvés en charge du pays. Jacques remplissait le rôle de technocrate de la Révolution tranquille au moment où Lucien Bouchard, de quelques années son cadet, était étudiant à Québec. Parizeau appartenait à une famille bourgeoise d'Outremont, élève du collège français Stanislas, il obtenait un diplôme en science politique à Paris et poursuivait des études en économie à Londres. De retour à Montréal, Jacques Parizeau aurait pu faire carrière aussi bien dans la fonction publique du Canada que dans celle du Québec.

Tout en étant haut fonctionnaire, Parizeau fréquentait à Montréal la classe intellectuelle et politique en dehors des structures officielles. Avec sa femme, la romancière Alice Poznanska, qui jouait le rôle d'hôtesse, il recevait chez lui à de brillants dîners, comme cela se pratiquait à Paris, aussi bien Pierre Trudeau que René Lévesque et des intellectuels, écrivains ou journalistes, qui, souvent tard dans la nuit, discutaient au salon des options politiques qui s'offraient au Québec. C'est après l'une de ces soirées qu'il choisissait de s'associer à René Lévesque et de faire le saut en politique. Pour Parizeau, la politique était d'abord une aventure intellectuelle qui exigeait de suivre une stratégie rigoureuse. Je me souviens avec quelle énergie il avait présenté son discours sur le budget en avril 1978, nous avions par la suite, avec Alice, fêté l'événement dans ses bureaux du ministère, et Jacques autographiait en riant son document comme d'autres des recueils de poésie.

Lucien Bouchard, issu d'une famille modeste de Jonquière, était avocat et, comme Parizeau, d'une certaine manière, un technocrate au service de l'État. Mais il n'avait pas d'allégeances fixes, tantôt libéral, tantôt bouleversé par le FLQ, séduit par René Lévesque dont il appuyait le projet de souveraineté, déçu des résultats du référendum de 1980, il acceptait néanmoins d'être à Paris l'ambassadeur du Canada, puis de se joindre au gouvernement conservateur de Brian Mulroney. On connaît la suite, devant le projet constitutionnel édulcoré, Lucien Bouchard démissionnait avec fracas et créait, avec des dissidents libéraux et conservateurs, un Bloc québécois qui le propulsait dans le rôle de chef de l'opposition à Ottawa.

Jacques Parizeau était un excellent professeur, Lucien Bouchard, un grand orateur. L'un plus rationnel qu'émotif, l'autre ne niant pas ses coups de sang. Frappé par une grave maladie en 1994 Lucien Bouchard en ressortait une jambe en moins, mais avec l'admiration et la sympathie pleine et entière de la population. La politique, pour Lucien Bouchard, était une profession de foi plus qu'un choix de carrière. Si Parizeau a fait appel un peu tard à Bouchard, il n'a pas péché par orgueil en voulant mener seul le combat référendaire. Bouchard le réaliste, comprenant après quelque temps que la partie était perdue, démissionnait comme l'avait fait Parizeau et retournait sans états d'âme à la pratique privée du droit. Parizeau le Jacobin, tenant toujours à son objectif, restait dans les estrades pour houspiller ses anciens collègues jugés trop mous.

Je serai toujours attristé des jugements agressifs d'une frange de la population vis-à-vis de ses chefs, principalement dans la petite gauche. Ils avaient tous quatre un respect de la langue française et en commun une forme d'idéalisme généreux. Ils ne manquaient d'ambition ni pour eux ni pour le Québec. La reconnaissance n'est pas un sentiment répandu en politique, René Lévesque, Robert Bourassa ou Lucien Bouchard ne méritaient pas le désamour qu'ils ont connu. Jacques Parizeau, à l'abri derrière son bouclier idéologique, restera le preux chevalier de l'aventure indépendantiste.

Si j'avais à faire la mise en scène de notre drame politique, je placerais chacun de ces personnages à une table, dans le décor d'un salon bourgeois. René Lévesque à une table de jeu, Robert Bourassa à une table de téléphone, Jacques Parizeau à une table de professeur et Lucien Bouchard devant une table de négociations. En arrière-plan, on devinerait sur un vase chinois le profil de Pierre Trudeau ornant le manteau de la cheminée. Vous pouvez imaginer la suite.

M. B.-C. Belle scène, tableau d'époque. Je me demande avec qui nous pourrions aujourd'hui la recréer. Notre société abonnée à la transparence radicale, qui aseptise les caractères et présente chaque débordement de vitalité comme un dérapage, comme une dérive, serait-elle encore capable de reconnaître un homme politique d'envergure, ou même un grand écrivain ? La société contemporaine n'est-elle pas une immense machine à broyer les caractères, à moins qu'ils ne consentent à canaliser leur vitalité dans des fresques médiatiques, comme si au carnaval du divertissement tout était permis ? On demande aujourd'hui aux hommes politiques de participer au spectacle, et la classe politique devient une subdivision du star system. En fait : notre société est-elle encore capable d'accepter des « personnalités fortes » dans l'espace public sans qu'elles soient immédiatement recyclées dans la logique du carnaval ? D'autant que les grandes per-

sonnalités viennent souvent avec leur part d'ombre, où elles trouvent des motivations profondes pour agir, et que ce sont ces parts d'ombre qui sont justement interdites, aujourd'hui.

J. G. Nos sociétés sont fragilisées par les médias, leur instantanéité, leur omniprésence. Elles exigent des élus un spectacle continu, en font des vedettes qu'elles s'empressent de mépriser après les avoir adulées. Vous avez raison, la transparence « radicale » est un appel à la lapidation ! Hélas, en politique les enjeux sont rarement ceux que vous imaginez, mon cher Mathieu, dans vos livres raisonnés sur l'avenir de la nation. L'épanouissement des citoyens et le bien commun ne sauront jamais satisfaire la cupidité de certains. On ne peut en vouloir à l'époque dans laquelle on vit, sauf à imiter Thoreau et aller planter sa tente sur les bords d'un étang sauvage.

Je reviens à votre question : est-ce que la culture contemporaine festive et le besoin résolu de transparence pourraient tuer dans l'œuf la candidature d'un homme politique de grand calibre ? Oui, à l'évidence, et c'est dommage, mais si, à l'époque des grandes conquêtes territoriales, les chefs dans la force de l'âge (moins de vingt-cinq ans) devaient savoir se servir d'un sabre pour occire l'ennemi, l'exercice du pouvoir aujourd'hui exige d'autres qualités dont la capacité de manipuler les médias, qui sont aussi des armes.

Avant l'invention du haut-parleur, la portée de voix des conférenciers était une dimension importante de l'art oratoire. Aujourd'hui le charisme à l'écran, la symétrie du visage, l'attrait sexuel, la jeunesse et l'agilité et jusqu'à la façon dont la peau reflète la lumière entrent en jeu. Or, malgré tout ce que l'on sait du marketing politique, on pourrait voir arriver dans l'arène un personnage qui défierait ces poncifs et pour cela même l'emporterait sur ses adversaires plus «médiagéniques», si l'on peut dire. McLuhan disait qu'un défaut (une claudication, par exemple) à l'ère de l'image pouvait être un avantage.

Curieusement, ces jours-ci, les trois chefs de parti qui s'affrontent, au-delà des choix idéologiques, correspondent à un *casting* de téléréalité : dame Pauline Marois, professionnelle de la politique, le sieur François Legault, comptable issu du monde des affaires, et enfin un scientifique, le docteur Philippe Couillard, entiché de grec et de latin. Au fait, avec lequel de ces trois candidats partiriez-vous en voyage ?

M. B.-C. *Avec aucun des trois, rassurez-vous, et pour d'excellentes raisons. D'autant que je regarde la classe politique actuelle et j'envie l'époque que vous avez connue – c'est le « péché mignon » des conservateurs, la mélancolie. Il y avait des grands – et vous les avez connus. Vous avez connu Parizeau, Bourassa, Lévesque, et bien d'autres. Vous avez même mis en scène leur affrontement et le destin du Québec à travers un documentaire majeur,* Le Mouton noir, *consacré à la crise constitutionnelle du début des années 1990. Les politiciens actuels sont des technocrates, des comptables, des gestionnaires prudents, qui ne croient plus que la politique est une activité existentielle. Qui ne croient plus qu'elle doive solliciter les sentiments les plus profonds. Et si on vous lit bien, il y a chez vous une réflexion assez constante sur les* *passions politiques.* Dans Le Murmure marchand, *vous disiez des péquistes qu'ils avaient en bonne partie gâché leur premier référendum parce qu'ils avaient voulu dissimuler la dimension passionnelle de leur projet dans une logorrhée technocratique faussement rationnelle. Vous disiez aussi récemment que «sans la chanson, sans la poésie, sans la littérature, sans discours chargé d'émotion, le PQ n'aurait pas été élu. C'était une époque où il y avait une cohésion extraordinaire et un rêve partagé dans la société». Qu'est-ce qui empêche la société contemporaine d'aller fouiller dans ces émotions politiques profondes, qui permettent d'enchanter une société et de la soulever ? Et surtout, à quel moment avez-vous, pour la dernière fois, ressenti un sentiment d'adhésion politique ? Vous en sentez-vous encore capable ? Ou l'émotion politique n'est-elle qu'une version intellectuellement travaillée de la frénésie de la jeunesse, comme l'a déjà suggéré Cioran ?*

J. G. C'est un fait que j'ai eu l'avantage de connaître les personnages politiques que vous citez et d'autres encore, mais c'est sans mérite, je le dois à un concours de circonstances, de milieux de vie et de générations. J'ai survécu à plusieurs de ces personnes, c'est une question de chance et de génétique. J'en ai fréquenté certains, cela ne se planifie pas, Robert Bourassa était un ami d'enfance du Plateau-Mont-Royal ; Pierre Bourgault, un condisciple au collège et camarade de régiment dans l'armée canadienne ; André d'Allemagne, un copain de travail en publicité ; si je dînais chez Jacques Parizeau, c'est qu'il était le conjoint d'Alice, mon amie romancière ; Pierre Trudeau venait danser avec nous les samedis soir; les écrivains étaient souvent invités dans les salons bourgeois, et j'avais encouragé Gérald Godin que je trouvais hors du commun à quitter Trois-Rivières pour venir avec nous jouer dans la cour des grands. C'est ainsi qu'il a rencontré le grand amour de sa vie, Pauline Julien, avec qui je tournais un court métrage. Pour le reste, mes livres et films me servaient de carte de visite.

Cela n'a pas fait de moi un acteur de la scène politique, mais un témoin peut-être privilégié des décisions de ceux qu'attire le pouvoir et dont j'admire l'acharnement à l'emporter. Cela dit, vous avez raison, nous étions nombreux à partager l'espoir de moderniser notre société. Même les fédéralistes souhaitaient plus d'autonomie pour le Québec. Et puis, nous avons profité de l'avantage des premiers arrivants : tout était à faire. Comment expliquer la cohérence des démarches politiques d'alors ? Ces passionnés du changement étaient tous des Canadiens français de naissance, ils devinrent des Québécois à l'âge adulte, et ils avaient en commun les humanités classiques. S'ils différaient sur les objectifs à atteindre, leur culture commune, leurs références littéraires, leurs séjours d'études en Europe ou aux États-Unis les plaçaient sur un pied d'égalité.

Pendant trente ans, les week-ends, passés en compagnie d'universitaires, de syndicalistes, de sociologues et d'amis journalistes, nous ne pensions, parlions, devisions, discutions que de la chose politique. Comme des casuistes se disputant à propos du sexe des anges, nous tentions de décortiquer la pensée fédéraliste et les chances du mouvement indépendantiste. Nous avons perdu, avouons-le, beaucoup de temps à ce jeu, nous étions intoxiqués.

Qu'en est-il alors de la passion politique ? Des émotions ? Il est vrai que j'ai déploré qu'en 1980, pour convaincre les Québécois de voter « oui » au référendum, M. Lévesque avait exclu chansons et spectacles. Mais à y bien penser, il avait peut-être raison. Il ne faut pas confondre la passion politique avec l'émotion politique. La passion politique est une énergie noble qui est celle des démocrates. Le jeu électoral, les affrontements à l'Assemblée nationale, les programmes politiques sont des moyens civilisés de faire évoluer une société. La vraie passion politique demande de la patience, le bien commun demeurant l'enjeu fondamental. Pourquoi faut-il à un chef politique un raisonnement passionné, mais sans émotions ? Parce qu'en toutes choses il doit peser le pour et le contre. Les élus qui ne pensent que stratégie partisane et avantages électoraux sont de petites gens.

Laissons les émotions politiques aux gens de théâtre, ils savent s'en servir, c'est la matière même de leur œuvre. Sur scène, les comédiens peuvent chanter et réclamer la révolution, avec des effets de manches et des appels aux sentiments, à la fin de la pièce les spectateurs envoûtés se lèveront pour applaudir, puis ils rentreront à la maison. C'est la convention. Des metteurs en scène se mêlent parfois de politique. Avec des harangues, des symboles, des slogans et des clairons, ils peuvent mettre des foules en marche, mais pour aller où, dites-moi ?

Le Parlement est le lieu de la passion politique, la rue, celui des émotions primaires. Dans une démocratie, la rue et la chanson, les casseroles et les banderoles ne seront jamais que l'expression d'une pensée sans nuances. Un jour l'on regrettera l'assonance entre les printemps arabe et érable, comme je regrette aujourd'hui d'avoir reproché à René Lévesque de s'être adressé à notre seule raison, avec une question qui n'était pas un slogan, mais une proposition raisonnable concoctée, raconte-t-on, par mon ami Daniel Latouche, qui a poursuivi sa carrière en Afrique.

Désormais le gouvernement est assis sur une bicyclette stationnaire. L'édifice étatique est ébranlé par les coups de boutoir de la mondialisation, par la perte de puissance des États-Unis (notre parapluie) et par l'omniprésence de la théorie économique qui ne sait pas même résoudre les crises financières. Tous les soirs je regarde mes journaux télévisés, au matin je lis plusieurs quotidiens et la semaine quelques magazines. Je crains cependant que l'exercice ne soit en train de me paralyser. Trop d'informations peuvent-elles tétaniser le jugement ?

M. B.-C. *Je comprends évidemment vos réserves envers l'enthousiasme collectif, d'autant que je les partage à bien des égards. Mais je vois aussi les limites de ce scepticisme, qui peut vite se complaire dans un regard désenchanté. Dans un texte que je vous avais consacré, je disais que vous hésitiez sans trop le dire entre le libéralisme et le conservatisme, et que vous incliniez finalement pour la première philosophie, parce que l'homme est peut-être médiocre, mais il n'est pas* *mauvais.* C'était une formule, mais c'était aussi une manière de dire que votre vision de l'être humain vous a préservé tout au long de votre vie du fanatisme politique. Alors que bien des intellectuels versaient dans l'utopisme, vous sembliez croire que l'homme, sans démissionner du politique, devait éviter d'y perdre son âme. Est-ce que je décris bien votre rapport à la politique ? Et si oui, comment ce rapport se concrétise-t-il dans le monde actuel ? Je me permets une étrange question : espérez-vous encore collectivement ? Politiquement ?

J. G. J'ai toujours espéré que le débat politique se situe dans le domaine des idées, mais j'ai toujours su que c'était aussi et surtout le territoire des intérêts particuliers, privés ou collectifs. Je me souviens avoir publié en 1975 un recueil de textes intitulé *Le Réformiste.* J'avais choisi ce titre pour provoquer mes confrères du milieu cinématographique et intellectuel de l'époque, qui voulaient flirter avec la révolution. Faire la révolution, c'est remplacer un gouvernement faible par un gouvernement fort, mais c'est aussi lui confier sa vie, sa liberté. Le gouvernement révolutionnaire installe nécessairement un État, une police et des contraintes imaginées par le pouvoir. Je me méfie des chefs qui veulent le bien du peuple et plus encore de ces artistes qui en sont les clowns. Je suis d'abord pour la liberté des individus, dans le respect du bien commun, et j'entends que la politique la favorise en toutes circonstances. La liberté commence par l'égalité des chances, elle ne peut s'épanouir réellement que dans une société laïque, pour le reste je fais confiance à l'imagination des citoyens et au gène de solidarité sans lequel nous ne serions pas présents. La politique m'intéresse depuis que je contribue aux impôts, mais je la tiens sous haute surveillance.

Je n'espère rien «collectivement», je souhaite toujours que ma collectivité (tribu ou société ou nation) cherche à s'investir dans la science et à découvrir la vertu des arts. Mais ce n'est pas ce qui se passe sous mes yeux : ma tribu s'investit dans les arénas, prétend s'instruire sans effort et se laisse embobiner par les entreprises de divertissement populaire. Est-ce que nous serions dans un passage à vide ? Sommes-nous face à un mur dans notre évolution ? Le souci de s'instruire a-t-il augmenté depuis la Révolution tranquille ? Qu'entend-on aujourd'hui par s'enrichir ? Est-ce que les meilleurs d'entre les Québécois qui se consacraient autrefois à la politique préfèrent maintenant s'en abstenir ? Est-ce que le niveau culturel des émissions de la radio et de la télévision publiques s'est amélioré depuis vingt ans ? Est-ce que Québec inc., évoqué comme modèle d'émancipation national, n'était qu'une façade derrière laquelle se cachait la corruption ? Est-ce que je ne suis qu'un vieux schnock plein d'arthrite et de nostalgies ?

Je vais oser une hypothèse difficile à envisager pour un démocrate : au nom de la démocratie, justement, et de l'égalité des chances, nous avons mis sur pied un système d'instruction publique pour tous, non plus réservé aux enfants de l'élite, mais envahi par des garçons et des filles à qui la famille n'avait pu transmettre une initiation minimale à la culture savante. Du coup, acquérir le savoir est devenu parfois difficile à justifier. Combien d'enseignants se sont fait demander «pourquoi étudier le français?», par exemple, comme s'il s'agissait d'une matière superflue. Sous le fallacieux prétexte que tous ne pouvaient accéder aux meilleures notes, les administrations scolaires ont choisi de prôner l'égalité plutôt que la concurrence. Doit-on à cette approche l'essor des écoles et collèges privés que choisissent des parents inquiets de l'avenir? L'égalitarisme a curieusement fait le lit de clivages inattendus. En réalité, nous n'avons pas un réel système d'enseignement public, c'est un gruyère plein de trous, avec toutes sortes d'excuses confessionnelles ou ethniques.

La classe moyenne (plus ou moins aisée) est celle qui a su tirer le plus grand profit de cette situation, et l'on retrouve ses enfants partout désormais, dans la fonction publique comme dans l'enseignement ou les affaires. Les normes de cette classe représentent les valeurs de la société que transmettent journalistes, administrateurs, animateurs de la radio et de la télévision, publicitaires, enseignants, enfin tous ceux qui donnent le ton à la culture populaire. Doit-on s'étonner que la langue parlée et écrite, les projets politiques, les aménagements urbains, les héros et les engouements de l'heure répondent aux appétits de cette classe de citoyens que Tocqueville avait vu venir?

Ceux que cela désespère devraient comparer la société canadienne-française contemporaine à celle des années de ma naissance, il y a eu indéniablement un enrichissement de la culture de masse. Pourtant on a pu constater simultanément un affadissement de l'offre culturelle. Quand, au tout début de la télévision, la Société Radio-Canada, en situation de monopole avant l'arrivée d'une première chaîne privée, présentait le dimanche soir une pièce d'Albert Camus, toute une population le lundi matin discutait des mêmes personnages et des mêmes enjeux. C'était le règne de la culture pour tous, comme en Union soviétique ! Or, depuis que les chaînes se sont multipliées, il n'y a plus de ces émissions, elles sont remplacées par des concours de chant et des conversations de boudoir. Est-ce la loi des nombres ?

Il était une fois l'ONF

L'ONF n'a pas sa place dans l'industrie cinématographique, c'est une aberration, une aberration magnifique.

Jacques Godbout (1982)

M. B.-C. *Vous avez eu une longue carrière de cinéaste. Elle est intimement liée à votre association à l'Office national du film, et vous avez eu le privilège d'y évoluer pendant ses « belles années ». Vous me disiez que l'ONF vous a facilité la vie, par exemple lorsque vous vous êtes engagé dans le tournage du* Mouton noir. *Comment vous êtes-vous retrouvé dans cette institution ?*

J. G. Par le plus grand des hasards ! De retour à Montréal après trois années en Éthiopie, un séjour à Paris et quelques mois en Haïti, je me retrouvais sans emploi, interdit d'enseignement dans le système catholique. Le chômage est une situation angoissante, mais grâce au réseau des anciens du collège Brébeuf, j'avais déniché un emploi de rédacteur dans une agence de publicité. Je disposais d'un bureau moderne, rue Sherbrooke, où je me rendais tous les matins dans la voiture de mon camarade de travail André d'Allemagne, avec sa compagne journaliste, Lysiane Gagnon. Le soir venu, d'Allemagne (fils du directeur de la librairie Flammarion) rejouait avec des soldats de plomb les guerres napoléoniennes et préparait la fondation du RIN. Pour ma part, la littérature m'intéressant plus que la politique, je préférais me joindre à l'équipe de *Liberté*.

Au cours d'une réunion de la revue, André Belleau *(Y-a-t-il un intellectuel dans la salle?),* qui travaillait au service du personnel de l'ONF (on dit ressources humaines aujourd'hui), avait demandé à la cantonade si l'un ou l'autre des confrères était intéressé à un emploi de traducteur. Je me souviens que Gilles Hénault, Michel Van Schendel et Fernand Ouellet, trois collègues poètes, s'étaient dits disponibles. J'ignorais tout de cette institution qui avait aménagé à Montréal pendant que j'habitais à l'autre bout du monde, mais bon, je me suis aussi présenté sans trop y croire et c'est ma candidature que l'on a retenue.

Je mentirais si je vous disais que j'avais toujours rêvé d'être cinéaste, même si ma mère affirmait avoir eu ses premières contractions dans une salle obscure. Pourtant, à l'adolescence, et dès que j'avais pu mettre les pieds au cinéma (interdit aux moins de seize ans comme vous le savez), je m'étais gavé de films, j'allais au ciné deux fois par semaine, les salles présentaient des programmes doubles, c'est-à-dire un film vedette et un deuxième médiocre, d'avoir été privé d'images animées me poussait à avaler en série des productions américaines, westerns, films noirs ou comédies musicales. Le premier long métrage dramatique qui m'ait fortement marqué, *Mr. Smith Goes to Washington,* avec Jimmy Stewart dans le rôle d'un défenseur de la démocratie et de la justice, m'a longtemps servi de référence politique. En quelque sorte, les scénaristes de Hollywood étaient responsables de mon éducation civique. Mais jamais je n'avais envisagé une carrière dans la cinématographie.

André Belleau m'avait informé qu'au cinéma de Paris, rue Sainte-Catherine, on projetait en complément de programme un documentaire de l'ONF, *Capitale de l'or*, sur la ruée au Klondike. J'avais été soufflé. Le ton de ce court métrage, son rythme, l'utilisation subtile des archives photographiques et la narration m'avaient écarquillé les yeux. Entre ce travail cinématographique et les publicités ridicules que je devais concevoir pour vendre du savon à lessive et de la farine à gâteau, il n'y avait pas à hésiter. Je me suis rendu à l'ONF sur la Côte-de-Liesse, et j'y suis retourné tous les matins pendant quarante-cinq ans. Enfin, peut-être pas *tous* les matins.

M. B.-C. Est-ce que la maison vous a servi de « port d'attache » matériel et intellectuel au fil des ans ? L'ONF était-il un milieu intellectuellement aussi stimulant qu'une revue peut l'être ou s'agissait-il d'un lieu stérile par son encadrement bureaucratique ? Quel genre de carrière y avez-vous menée ?

J. G. Dès le départ, l'expérience était passionnante. Mon premier patron à l'ONF se nommait Jacques Bobet, il était né à Saumur, en France, et avait immigré au Canada après la guerre. Pianiste de concert, diplômé de l'école normale, élevé dans une famille française d'instituteurs de gauche, Bobet était un pédagogue-né, toujours disponible pour aborder les questions intellectuelles, artistiques ou politiques. Il a été un interlocuteur privilégié des Gilles Groulx, Gilles Carle ou Denys Arcand. Je ne pouvais tomber sur un meilleur initiateur à la culture de la maison dans laquelle il était entré à Ottawa, pendant une chasse aux sorcières communistes. D'ailleurs, il y avait encore dans les assemblées, disait-il, des taupes de la Gendarmerie royale du Canada. Il m'invitait à me méfier aussi des francs-maçons et des membres de l'ordre de Jacques-Cartier qui s'affrontaient dans la fonction publique fédérale. Je travaillais tard le soir pour me familiariser avec les outils de montage, parfois à l'adaptation d'un film de l'armée canadienne, et chaque bruit ou cri dans les corridors me donnait l'impression de participer de près à la guerre froide qui inquiétait tout le monde.

L'organisation du travail à l'ONF favorisait la créativité : on ne perdait pas son temps à courir d'une entreprise à une autre à travers la ville, dans le seul édifice de la Côte-de-Liesse se trouvaient réunis tous les corps de métier, les studios d'enregistrement et de mixage, les laboratoires, les voûtes où stocker les copies originales, les décors et les accessoires, les costumes et les salles de maquillage, la restauration, l'éclairage et les appareils cinématographiques, les salles de projection et les bureaux de production, les salles de montage et de réunion, les studios d'animation, les services de diffusion, l'administration et la recherche. L'ONF entretenait aussi des bureaux à l'étranger. L'institution était présidée par Guy Roberge, un intellectuel libéral qui avait été député à Québec dans le parti d'Adélard Godbout. J'ai vite pris grand plaisir à discuter politique avec lui, nous étions de la même famille. Guy Roberge a été un commissaire à la cinématographie hors du commun et il a su, même et surtout en période de crise, protéger les créateurs.

En 1958, l'ONF était une jeune institution pour les francophones, et j'ai tout appris du métier en adaptant les films des cinéastes de la série *Candid Eye*, dont je me suis rapidement fait des amis. Puis, par un jeu de circonstances, je suis passé de l'adaptation à la rédaction d'un scénario et enfin à la réalisation. À l'époque, on jouait à saute-mouton, si je puis dire, d'un film à l'autre, chacun étant amené à toucher aux différents aspects du métier, réalisation, montage, ou caméra, prise de son, ou même production. Artisans plus qu'artistes.

À l'ONF, on ne faisait pas « carrière », on tournait des films et on se démenait ensuite pour les faire voir. L'ONF avait mis sur pied, avant l'arrivée de la télévision, un réseau de diffusion dans le Québec pour contrer la décision de Maurice Duplessis d'exclure ses productions du système scolaire. Le film terminé, les réalisateurs allaient en discuter, de ville en ville, dans des cinéclubs fréquentés par des citoyens préoccupés de questions sociales. C'était chaque fois des rencontres stimulantes dans des milieux que nous n'aurions jamais connus autrement.

L'arrivée en force sur les écrans de la ville, ces années-là, de la « nouvelle vague française », Resnais, Godard, Truffaut, Marker (certains d'entre eux mettraient un jour les pieds dans la maison), nourrissait les débats, nous allions parfois à New York voir leurs films, censurés au Québec. Une véritable institution de créateurs (on pense au Bauhaus, par exemple) demande une administration discrète et des individus originaux, ce qui était le cas : l'ONF était une pépinière d'individualistes irréductibles. On a oublié les noms des Bernard Devlin, Léonard Forest, Jacques Giraldeau ou Raymond Garceau, mais ces pionniers inventaient jour après jour une cinématographie authentique. Fernand Dansereau et son frère Jean étaient préoccupés de faits de société. Claude Jutra (tombé jeune dans la potion magique) assurait la navette entre Paris et Montréal, comme son ami Michel Brault, un virtuose de l'image. Ceux qui œuvraient à la caméra, les Bernard Gosselin, Claude Fournier ou Georges Dufaux, cherchaient à briser les règles rigides de la cinématographie traditionnelle. Et cela se passait de même manière dans le domaine des idées : Hubert Aquin invitait Roland Barthes à participer à un film sur la lutte ; Jean Le Moyne *(Convergences)* menait des recherches philosophiques sur la société et me disputait à propos de la laïcité, Gilles Marcotte *(Une littérature qui se fait),* chargé de lancer de nouveaux projets, proposait régulièrement des thèmes pour des séries dont la télévision était gourmande. Plus tard, Le Moyne, effrayé par le nationalisme, s'en irait écrire des discours au bureau du premier ministre Trudeau. Marcotte deviendrait un important critique littéraire à *La Presse,* puis professeur de littérature à l'Université de Montréal, comme André Belleau le serait à l'UQAM.

L'ONF avait à son emploi des cinéastes, ou d'aspirants cinéastes, venus de tous les horizons et qui n'avaient jamais étudié en cinéma ou en communication, ces disciplines n'ayant pas encore trouvé place dans les universités. L'ensemble formait un groupe bizarre et hétéroclite, avec des personnalités diverses, je pense à Pierre Perrault qui suivait son sentier anthropologique et politique, à Guy L. Côté qui jetait les bases de la Cinémathèque québécoise, à Clément Perron, l'auteur de *Mon oncle Antoine*, à Arthur Lamothe, travailleur acharné. Les idées de films s'entrechoquaient ou bien s'élaboraient de façon inattendue, des amitiés se nouaient, le métier encourageait la collaboration. L'un était diplômé en agriculture, l'autre en médecine, celui-ci venait du milieu de la danse, celui-là était avocat, ou bien historien, chimiste, journaliste, ou secrétaire de formation ; il y avait aussi parmi nous des diplômés des beaux-arts et des lettres. Les filles n'étaient pas nombreuses au bataillon, Anne-Claire Poirier, qui avait étudié en droit, pouvait tenir tête à tous, et c'est elle qui amena peu à peu des consœurs dans la maison.

J'ai cru, puisque j'étais romancier, que je pourrais réaliser des longs métrages de fiction, mais ce n'était certainement pas ma destinée. Quand la majorité de mes camarades rêvaient de voir leurs films affichés sur une marquise, je suis revenu au documentaire. C'est ainsi que j'ai travaillé avec Daniel Pinard *(Aimez-vous les chiens ?)*, François Ricard *(Deux épisodes dans la vie d'Hubert Aquin)*, Florian Sauvageau *(Derrière l'image, Comme en Californie, Un monologue Nord-Sud,* et de nombreux films sur les médias), Janine Krieber *(En dernier recours)*, Louise Leroux *(L'Affaire Norman Wil-*

liam), René Daniel-Dubois et Philippe Falardeau *(Le Sort de l'Amérique)*, Pascale Bilodeau *(Traître ou Patriote)*. Chaque tournage me permettait des découvertes dont je nourrissais mes romans, le cinéma était affaire d'équipe (j'ai réalisé la majorité des films avec trois extraordinaires mousquetaires, Lachapelle, Besse et Lafortune, des gaillards qui savaient rire et voyager), nous avons parcouru ensemble l'Europe et l'Amérique, nous sommes allés en Afrique. Chaque sujet était un périple dans le temps et l'espace.

Les années et les films s'enchaînaient, je ne me suis jamais ennuyé à l'ONF, au contraire, dès que j'étais de retour d'un tournage, je m'attaquais à l'étape que je préférais, la recherche d'une structure, le montage. Quand je n'entreprenais pas seul ce travail, c'était avec la collaboration de Werner Nold, de Monique Fortier ou de Jean-Marie Drot (le fils de mon ami français). Pour les archives, l'ONF disposait dans ses voûtes d'un trésor d'images cinématographiques datant du début du XXe siècle, sans parler d'une sonothèque étourdissante qui servait à enrichir les trames sonores. Difficile d'imaginer mieux comme lieu de travail.

M. B.-C. *De quelle manière l'ONF a-t-il marqué la culture canadienne et québécoise ? Y avez-vous fait l'expérience des « deux solitudes » ?*

J. G. L'ONF avait déménagé ses installations d'Ottawa à Montréal en 1956, après l'enquête Massey sur la culture et sur un coup de tête du premier ministre

Louis Saint-Laurent, peut-être aussi sous l'influence du réalisateur Roger Blais. Sans la construction des studios et laboratoires de l'ONF à Montréal, le cinéma québécois d'aujourd'hui n'existerait peut-être pas. Aussi bien directement qu'indirectement, l'ONF est à l'origine de la dimension cinématographique de notre culture. En fait l'institution était un microcosme du Canada, un peu moins de huit cents employés pendant les meilleures années, venus d'un peu partout au pays, dont plusieurs ne parlaient pas français ; une structure unitaire qui nous obligeait à soumettre nos scénarios aux autorités de langue anglaise, qui ne comprenaient pas bien ce que ces Canadiens français, plus portés à s'amuser, selon elles, qu'à prendre au sérieux les règles de l'art ou la promotion des plaines de l'Ouest, pouvaient vraiment fabriquer ensemble. À l'évidence les voyages de Sa Majesté la reine nous intéressaient moins que les congrès de raquetteurs, les habitants du quartier Saint-Henri, la vie des bûcherons et celle des zouaves, ou encore la décolonisation des peuples d'Afrique. À chacun sa culture et ses intérêts. À mesure que, dans le personnel, le nombre de Canadiens français augmentait un profond clivage se dessinait.

L'institution était située dans un désert urbain. Il n'y avait aucun café, bar ou restaurant à proximité, et la cafétéria faisait le plein à toute heure du jour malgré sa nourriture infecte (selon la rumeur importée par train de Toronto). C'était entre les murs de la cafétéria que l'on pouvait voir de près les « deux solitudes ». Certaines tables étaient occupées par les employés de langue française, d'autres par ceux de langue anglaise, toujours les mêmes tables d'ailleurs, mais jamais il n'y avait affrontement, une totale harmonie régnait dans une parfaite indifférence réciproque, l'idéal canadien, en somme. À une seule occasion a-t-on pu voir les employés anglophones légèrement inquiets, c'était en 1976, au lendemain de l'élection du Parti québécois, quand, pour accompagner des mets toujours sans saveur, surgirent sur les tables des Québécois canadiens-français une grande quantité de bouteilles de vin. On trinqua à la santé de René Lévesque. Le lendemain tout rentrait dans l'ordre.

Si, sur le plan personnel, des complicités et des amitiés se nouaient entre cinéastes des deux langues (parmi mes amis, le journaliste Donald Brittain et le producteur Adam Symanski), l'ONF n'en était pas moins le lieu par excellence d'un débat politique et linguistique, nous réclamions la souveraineté des productions de langue française, soumises aux décisions erratiques du NFB. La Commission royale d'enquête sur le bilinguisme et le biculturalisme (B&B), qui venait d'être créée, s'intéressait à ce genre de situation conflictuelle dans les structures fédérales. La revue *Parti pris* publiait sur le sujet un numéro explosif. Les cinéastes francophones, de leur côté, avaient laissé entendre à Guy Roberge qu'ils préparaient un mémoire pour la commission Laurendeau-Dunton. Soucieux d'éviter toute confrontation, après avoir discuté avec André Laurendeau, avant même de lui permettre de mettre les pieds dans la maison, Roberge en transformait les structures et confiait dans les jours suivants la nouvelle « Production française » au secrétaire de l'ONF, Pierre Juneau, un homme curieux et intègre, issu de la JEC, qui avait vécu en Europe et s'intéressait depuis toujours au cinéma. La Production française a donc pris son envol sans tambour ni trompette. Quand Pierre Juneau est parti poursuivre sa carrière comme président du Conseil de la radiodiffusion et des télécommunications canadiennes (CRTC), puis de la Société Radio-Canada, les cinéastes se sont donné un comité de la programmation dans lequel ils tenaient le haut du pavé et contrôlaient le choix des sujets.

Je collaborais toujours à *Liberté*, publiant mes romans au Seuil, mais je ne refusais pas (au contraire) un salaire mensuel de cinéaste. J'appréciais cette sécurité de fonctionnaire, ma femme était dans l'enseignement et nous avions deux enfants aux études. Après avoir été scénariste à l'Exposition universelle, j'acceptais de diriger la Production française (au grand dam du ministre Gérard Pelletier). Si j'en démissionnais un an plus tard, pour revenir à la réalisation, c'est que l'administration m'ennuyait très profondément.

Des cinéastes, dont mon frère Claude, quittaient la maison, créaient des sociétés de production indépendantes, certains revenaient, d'autres nous rejoignaient, les personnes comme les idées circulaient plutôt librement malgré les relations difficiles entre les capitales, amplifiées par l'arrivée des trois « colombes » du Québec à Ottawa. Trudeau et Pelletier connaissaient trop bien la maison de l'intérieur, alors les budgets annuels qui nous étaient impartis se sont mis à varier suivant l'humeur du premier ministre et les pressions d'une industrie « privée » avide de subventions. Les sociétés indépendantes ont peu à peu obtenu l'appui du Parti libéral canadien, c'est ainsi qu'est né ultimement Téléfilm Canada, un système d'aide à la production cinématographique parallèle à celui du Québec, géré par la Société de développement des entreprises culturelles (SODEC), auxquels se sont ajoutés des fonds divers, le tout devenant une course à obstacles désormais incontournable pour les producteurs.

M. B.-C. *Vous avez soutenu il y a quelques années, dans une vidéo diffusée sur Internet, un appel au refinancement de l'ONF. C'est une manière de poser aussi la question des institutions publiques et de leur rapport à la culture. Vous notiez plus haut que la logique commerciale, celle du divertissement aussi, a corrompu les institutions publiques. Quel devrait être le rôle d'une institution publique d'envergure au Canada ou au Québec ? Je devine que vous n'aimerez pas la question, mais en vertu de quel idéal devraient s'engager une institution publique et plus encore un diffuseur public ?*

J. G. Ce qu'il faut retenir, c'est que chaque institution culturelle possède sa vie propre et originale et évidemment ses failles. Le deuxième constat est que l'institution est plus grande que les individus, et que des dirigeants cultivés peuvent insuffler à une institution publique un idéal de service hors norme. Le corollaire est que des chefs médiocres peuvent parfois entraîner une institution à sa ruine.

La nécessité de producteurs et de diffuseurs publics dans le domaine culturel n'est pas à démonter. Le Québec moderne est né en bonne partie de la Société Radio-Canada, de l'initiative de ses journalistes et de ses réalisateurs, la chanson québécoise s'est répandue grâce aux spectacles du petit écran canadien, les comédiens québécois y ont trouvé pain et beurre, les intellectuels ont pu y exposer leurs idées et leurs frustrations. Quand Pierre Juneau, que j'ai toujours respecté, a fait le pari de la publicité à Radio-Canada, ce fut un choix que je lui ai toujours reproché.

Les « cotes d'écoute », l'audimat sont l'héroïne des diffuseurs. J'étais persuadé que nous allions perdre la dimension publique de l'institution. Radio-Canada ayant toujours besoin de plus d'argent pour ses productions, les publicitaires devenaient les vrais programmateurs à l'antenne. Les émissions d'information sont aujourd'hui interrompues aux dix minutes par des sollicitations commerciales, il n'y a plus de continuité dans le débat social, il y a surtout, en télévision, une vision formatée du monde. La radio rappelle, mieux que je ne le saurais faire, tout ce que la liberté d'une institution publique permet. Mais voilà que la publicité tente d'y revenir, par la porte d'en arrière. Jadis les entreprises de télévision privées cherchaient à imiter Radio-Canada, aujourd'hui c'est cette dernière qui est à la remorque du modèle commercial !

L'ONF était une institution publique très différente de la Société Radio-Canada. Né des besoins de propagande de la Seconde Guerre, destiné à devenir un contrepoids au monopole cinématographique américain sur tout le continent, responsable de la production des films des ministères fédéraux, l'ONF avait pour vocation de faire connaître le Canada à ses citoyens et à l'étranger. Cet organisme de caractère socialiste dans un univers capitaliste, dont les producteurs et les réalisateurs penchaient plutôt à gauche, s'est construit, d'un festival international à l'autre, une réputation mondiale dans le documentaire et le film d'animation. L'émulation venait surtout des pays de l'Est, Pologne, Tchécoslovaquie, Hongrie. L'ONF/NFB produisait des séries et des films uniques pour diffusion à Radio-Canada, mais jamais au point d'en perdre ses objectifs sociaux, ne serait-ce que parce que ses outils étaient plus lourds et lents que les moyens électroniques de la télévision.

La vie d'une institution publique dépend de la confiance que les politiques accordent à ses responsables, la valeur première étant l'autonomie des conseils d'administration. Le modèle britannique de respect de la liberté a longtemps servi au Canada, mais la menace de sécession du Québec a poussé Pierre Trudeau à jouer les gros bras, ses successeurs ont agi de même, CBC et Radio-Canada en ont souffert plus que l'ONF. La mort de l'ONF première manière (1939-1999) est venue d'une conjoncture étrange : l'arrivée de la technologie numérique (qui rendait caduque la pellicule argentique) et la disparition du mur de Berlin.

L'ONF restait le dernier survivant de la guerre

froide, plus personne n'avait besoin de ses services de propagande, on a mis à pied les créateurs, remplacé les cinéastes par des avocats, puis misé sur Internet. Vous trouvez désormais en ligne des sites gratuits qui donnent accès à la majorité des films de son catalogue, on y a vu ressusciter des documents enterrés depuis des années. Je sais que l'ONF tente aujourd'hui de jouer un rôle dans les réseaux sociaux et que l'on y encourage des productions pour la Toile. C'est une nouvelle approche dans un univers où les téléphones ont plus d'importance que les écrans de cinéma. Rogers a remplacé Columbia Pictures. Je ne cesse de m'étonner qu'un de mes films puisse être vu à Montréal comme à Tombouctou dans le creux d'une main. Nous sommes revenus à l'âge des miniatures. L'avenir est aux Perses.

Et finalement, la vie ?

Ma manière d'approcher cela était que, avant d'être né, vous n'aviez jamais vu la vie de ce monde. On débarquait de nulle part, du non être ou d'un néant primal, dans une réalité totalement développée et articulée.

Saul Bellow

M. B.-C. *Si je ne me trompe pas, votre femme est votre première lectrice. C'est donc qu'elle a approuvé la publication de ce livre. J'aurai le culot de me transformer un moment en journaliste mondain, comment se noue la conversation entre un homme et sa femme au fil d'une vie, s'ils habitent tous les deux le monde des idées ?*

J. G. Je ne suis pas certain que cette question survive à sa lecture, mais je vais néanmoins tenter d'y répondre. Cela dit, aucun couple n'habite que le monde des idées, il y a l'amour, les sorties, les enfants, la vaisselle sale, les comptes d'électricité, les visites, les parents, les grippes hivernales et la cuisine. De toute manière, je ne voudrais pas effaroucher les jeunes femmes qui fréquentent des intellectuels. Si ces derniers habitent le monde des idées et sont rarement d'habiles bricoleurs, il leur arrive néanmoins d'avoir des émotions, des passions même, et de se révéler d'agréables conjoints. Pour le reste, vous avez raison, l'art de la conversation est un élément enviable qui peut souder un couple.

Ghislaine et moi nous sommes rencontrés en Faculté des lettres à l'Université de Montréal en 1953. Elle avait choisi l'histoire, et moi, la littérature, je l'ai convaincue de me rejoindre. J'aurais dû proposer le contraire. Qu'importe, de ce jour nous avons commencé à discuter de lectures. À quelques romans près, nous avons lu toute notre vie les mêmes ouvrages, nous nous les sommes racontés, nous les avons jugés, nous avons établi des liens avec des lectures anciennes, nous n'avons cessé d'échanger. Quand Ghislaine s'est spécialisée en éducation dans l'insertion scolaire des enfants de l'immigration, elle m'a ouvert un monde, que dis-je, une bibliothèque entière sur les questions identitaires. De mon côté, je lui donnais à découvrir des théories littéraires et les dernières tendances du cinéma. Cela n'entend pas que nous étions d'accord sur tout, mais nous avons toujours joué avec les idées comme nous le faisions déjà à vingt ans, au sortir des classes de lettres.

Et puis, il y a une autre dimension qui nous a soudés : la langue française. Ghislaine est arrivée à Châteauguay (P.Q.) de Port-au-Prince à l'âge de quinze ans, avec sa mère, sa sœur et ses frères cadets, chez un oncle qui avait immigré précédemment au Canada. Elle aurait pu aller en France où étudiait son frère aîné, mais à cette époque le Québec était plus rassurant. Son père d'ascendance allemande, sa mère d'ascendance corse, elle arrivait avec un passeport français grâce à un grand-père qui avait quitté l'Allemagne pour s'enrôler dans la Légion étrangère. J'ajoute que son père était un mécréant, ce qui me réjouissait particulièrement.

Au couvent de Valleyfield où elle a passé un an, Ghislaine lisait Félix Leclerc, chantait les refrains de la *Bonne Chanson* et se passionnait pour l'histoire du Canada. Sa maîtrise du français a certainement joué dans une intégration qu'elle attribue aussi aux religieuses, qui l'ont orientée rapidement vers le cours du collège Jésus-Marie, à Outremont. Elle s'installait alors avec sa famille dans un appartement de la Côte-des-Neiges, ce qui nous a rapprochés sans que nous le sachions, et a par la suite facilité nos fréquentations.

Tous deux avions trouvé dans nos bagages une même langue dont la structure, le lexique et la grammaire avaient nourri nos cerveaux d'enfants, dans la chaleur des Antilles comme sous zéro en Canada. Enfants, nous avions chacun appris à admirer la langue de Racine. Ce cadeau nous tenait à cœur, il venait de l'étranger et d'une lointaine période coloniale : la langue française allait être le patrimoine que nous souhaitions transmettre à nos enfants. C'était la source de notre culture, notre bien commun et deviendrait même notre gagne-pain. J'aimais l'écrire, elle adorait l'enseigner. En Éthiopie, déjà, elle était de nous deux la meilleure pédagogue. En somme, notre relation de couple est une conversation en français et à propos du français qui ne s'est jamais épuisée.

M. B.-C. Lorsqu'on mène une « carrière publique », doit-on partager un noyau de convictions fondamentales avec sa compagne ou existe-t-il des zones de frictions intellectuelles, malgré le passage des décennies ? Vous m'avez déjà dit qu'elle vous avait soutenu de la meilleure manière tout au long de votre vie. Mais que veut bien dire être épaulé par sa femme lorsqu'on mène une vie d'intellectuel, une vie d'écrivain ? Et, bien évidemment, je vous inflige la question rituelle : y a-t-il quelques erreurs qu'elle vous a évitées ?

J. G. Écrivain ou cinéaste, on n'échappe pas aux détestations. Je prétendais me mêler de l'actualité, ce n'était pas sans provoquer chez certains des réactions d'humeur ou même de haine. Dans ces moments pénibles, il est rassurant de rentrer chez vous pour entendre votre conjointe prendre votre défense, sans nécessairement vous donner raison. En fait, Ghislaine était souvent plus profondément blessée des propos à mon égard que je ne l'étais moi-même. C'est une réaction viscérale : chacun accepte de prendre des coups, mais pas que l'on touche à celui ou celle qu'il aime. C'est pourquoi, dans les films de suspense, le vilain menace la femme ou l'enfant afin de briser la résistance du héros. Le héros, en somme, a besoin d'une femme.

Je crois pouvoir dire que nous n'avons jamais eu, sur le plan intellectuel, de zones de frictions. Pour l'essentiel, ma femme tenait le rôle d'éditrice de mes textes, romans ou essais, et avec ses exigences elle m'amenait à remettre vingt fois sur le métier, comme disait Boileau, tout ce que j'allais publier. Elle ne me laissait rien passer. En ayant tous les deux les mêmes références littéraires, et malgré que, sur le coup, je lui faisais la tête, je savais en mon for intérieur qu'elle avait raison de souligner des faiblesses. Alors je polissais et je repolissais jusqu'à ce que j'obtienne son aval. Nous avions entrepris cette collaboration dès nos travaux universitaires, elle sur Albert Camus, moi sur le poète des *Illuminations,* alors, une fois dans la vraie vie, nous avons poursuivi la démarche.

Vous vous inquiétez de savoir si Ghislaine m'a évité des erreurs ? Disons que certains textes que je comptais publier sont restés inédits. Et ils le resteront. Mais surtout, elle me persuadait, quand j'attaquais des adversaires, de ne pas déployer toute la violence verbale dont j'étais friand. Elle me retenait, je fulminais, j'aimais la polémique, apprise au collège chez les pères jésuites, je tempérais mes diatribes. Et puis, avec le temps, je me suis assagi, comprenant que certains débats qui semblaient urgents étaient en réalité secondaires. Pourtant, ma femme en est témoin, il m'arrive encore au moins une fois par jour de m'indigner devant la bêtise humaine, écrite, proférée, affirmée ou, pire encore, concrétisée.

M. B.-C. *Il y a l'amour. Il y a aussi les amis. Une vie d'intellectuel est faite d'interlocuteurs, qui deviennent souvent nos plus précieux amis. C'est eux que l'on désire rencontrer quand on a une idée. On mange souvent en leur compagnie comme si le simple fait de parler du monde qui se fait et se défait était une manière de le rendre plus habitable. Quand on est chanceux, nos compagnes respectives deviennent des amies et l'on peut même partir en vacances ensemble ! D'ailleurs, on dit de vous que vous êtes un ami remarquable, d'une fidélité exemplaire ! Quels sont les amis qui, aux différentes périodes de votre vie, vous ont été les plus indispensables ? Et qu'avez-vous trouvé de précieux chez eux ? Vous me permettrez une question plus intime, mais y* *en a-t-il que vous avez perdus en chemin, après une querelle ou à la suite d'un désaccord profond ?*

J. G. Ai-je eu, en une soixantaine d'années d'activités publiques, trente-six amis ou cent cinquante-six ? Leur ai-je été fidèle ? Évoquer l'amitié à l'âge de Facebook est presque devenu indécent ! Les amitiés d'enfance et d'adolescence sont les plus prégnantes et les plus étranges. Pourquoi pardonne-t-on tout à un ami d'enfance ? Même les pires comportements ? Et que dire des amours d'enfance ? Où est aujourd'hui Estelle avec qui, à quatre ans, j'apprenais l'anglais ? Et Madeleine, que je promenais sur le Saint-Laurent dans une chaloupe Verchères, est-elle même de ce monde ?

À l'époque bénie où personne ne savait ce que la vie nous réservait, j'ai eu des amis très chers, Robert Bourassa, Gilles Constantineau, Pierre Bourgault, Claude Charland, Jean Touchette, qui sont maintenant au cimetière. À vingt ans, les amours et le travail nous ont éloignés les uns des autres sans que nous nous perdions pourtant de vue. Par la suite, d'année en année, je me suis fait des amis sur quatre continents, mais les rapports d'amitié varient avec la culture, un ami français sera toujours fidèle, un Québécois sera plus discret qu'attentionné, un Américain, généreux de son temps. Des amis indispensables aux différentes périodes de ma vie ? Vous pensez probablement à Montaigne, « parce que c'était lui, parce que c'était moi ». Je n'ai jamais eu à solliciter quoi que ce soit de qui que ce soit, je tenais surtout à converser, c'est pour moi l'acte humain par excellence, il demande générosité, intelligence, curiosité, empathie, et cet échange verbal réussi fait les grands amis.

Dans mes métiers, on rencontre des douzaines de personnes de milieux les plus divers, certaines m'ont inspiré des personnages de roman. Mais surtout il y a eu des hommes et des femmes que j'ai beaucoup aimés, des camarades de travail, des confrères, des troubadours, des complices d'activités politiques, si les plus jeunes parmi eux sont encore productifs, la plupart de mes proches amis ont rencontré la maladie sur leur chemin. Certains sont inconsolables d'avoir perdu leur compagne, et le meilleur ami n'y peut rien.

En fait, l'amitié devant l'âge et la proximité de la mort ne peut changer l'inéluctable. Un jour vous comprenez soudain que vous avez fait le tour du jardin, que c'est l'automne, qu'il n'y a rien à ajouter et que vous êtes seul. Mon père est mort d'ennui parce que ses amis avaient disparu. J'ai rédigé un texte cathartique sur le sujet, « La Saisine », dont vous m'aviez dit, avec quelques amis justement, qu'il vous avait touché. Il a paru dans *L'Inconvénient* en novembre 2011, maintenant que j'ai atteint quatre-vingts ans, il me semble s'imposer en fin de conversation.

La saisine

*Quand Hemingway s'est suicidé, il a terminé son existence
sur un point final, tandis que la vieillesse,
elle, ressemble plutôt à un point-virgule.*

Kurt Vonnegutt jr.

Saisine est un mot de notaire. C'est un terme juridique qui dit ce qu'il veut dire : le moment précis où le mort saisi le vif.

À la saisine vos biens deviennent ceux des héritiers, fussent-ils vos proches, vos débiteurs ou l'État.

Vous n'avez plus rien à dire, d'ailleurs vous ne dites rien, le dernier souffle a quitté votre poitrine, vos joues se sont affaissées, votre nez s'est écrasé et vous êtes devenu flasque avant de durcir comme un pot de terre cuite.

C'est pourquoi il est préférable, toutes choses étant égales par ailleurs, de rédiger un testament. Si vous le faites chez le notaire, celui-ci vous expliquera l'origine de la saisine, une prérogative du seigneur, au XIIe siècle, de saisir l'héritage de ses sujets sans état d'âme.

Mais vous n'êtes pas encore sur votre lit de mort. Vous savez seulement qu'elle est inévitable, qu'elle approche par-derrière et que bientôt elle vous soufflera son haleine tiède dans le cou. Vous sentez le vieillissement jusque dans vos chairs, à la faiblesse nouvelle de vos muscles, aux douleurs vives qui vous transpercent à l'occasion. Vous n'aimez pas vous plaindre, mais vous n'acceptez pas avec bonheur la situation.

Vous avez dépassé votre soixante-quinzième année de vie, c'est la dernière des quatre étapes répertoriées, vous avez connu l'enfance, l'adolescence et la maturité, il vous faut désormais accepter d'être perçu comme un vieillard, en attendant la mort accidentelle ou naturelle, qui n'est pas nécessairement plus douce parce que naturelle. D'ailleurs la nature est-elle naturelle ?

Certains matins ou, pire encore, en fin de nuit, vous sentez une colère sourde et puissante comme une marée qui vous envahit. Cette colère est d'autant plus forte qu'elle est sans objet, inutile, inefficace, mais rédhibitoire. Elle vous empêchera d'aller au bout de votre sommeil. Vous vous tournez et retournez dans le lit, rejetant le drap d'un coup de pied puis le reprenant d'une main, vous maintenez votre tête sur l'oreiller, les yeux grands ouverts comme si vous attendiez une visite. Mais il n'y aura que les idées tristes, bêtes et noires qui se présenteront.

L'origine de cette insomnie matinale est évidente : vous avez terminé votre temps fécond sur la planète. Plus de soixante-quinze années sont passées et vous les avez dilapidées à dormir, voyager, travailler, parloter, flâner, écrire, manger, passer à la banque, participer à un colloque, regarder les infos à la télé, traverser la ville en voiture, rencontrer un ami, vous rendre à l'épicerie, en revenir, ranger les produits au frigo et sur les étagères, boire une bière, rêver de vous lancer en politique, prendre un bain, répondre au téléphone, acheter des meubles, les transporter, peindre des murs, changer une vitre, dévisser une ampoule, sortir les déchets, prendre l'avion, que pouviez-vous faire d'autre ?

Vous avez collé un timbre sur une enveloppe et l'avez postée, vous êtes allé au cinéma, vous avez accroché au mur un tableau abstrait, vous l'avez déplacé, vous avez allumé des bougies d'anniversaire, tous les matins vous avez mastiqué avec soin vos céréales, passé l'aspirateur dans tous les coins, vous avez cru voir passer le temps, mais c'est vous qui êtes passé. Heureusement que vous avez fondé famille ! Mais les enfants sont partis, plus personne n'a besoin de vous. Votre conjointe vous appelle, sa voix vous dit la tendresse, qu'allez-vous faire d'une solitude à deux ?

Les autres

Vous aimeriez débarrasser la terre de tous ces vieillards qui occupent de plus en plus d'espace, qui ne meurent plus à mesure que progresse la médecine, qui dépensent en vain de l'énergie, qui coûtent cher, qui ne servent plus à rien. Il faudrait leur trouver une fonction, les recycler comme on le fait des ordures ou les trucider. Mais quand on est vieux on ne peut rien. Évidemment *les autres* refusent d'admettre votre âge, ils savent bien qu'ils auront leur tour, ils vous disent avec le sourire : « Comme vous avez l'air en forme ! » Ah bon ! En forme de quoi ? « Je vous ai vu monter les escaliers, vous avez le pied léger ! » Mais qui donc ment à qui ? Ils nous disent que l'âge n'est pas un piège ? C'est sûrement qu'ils craignent de voir la vieillesse en face, ses rides profondes, les pertes d'équilibre, la mémoire vacillante, l'effort qui épuise, l'impuissance qui menace. *Les autres* reconnaissent le spectre de votre mort dans vos yeux embués. C'est ce qu'ils ne veulent pas voir.

Quand on est vieux on ne peut rien : vos complices sont malades ou déjà au cimetière, votre influence s'est dissipée telle une fumée, un coup de fil hier réveillait le ministre, aujourd'hui vous pouvez à peine parler à sa secrétaire. Vous avez rencontré un mur, il se mesure, vous ne pourrez plus le sauter, après soixante-quinze ans vous êtes hors jeu, hors d'ordre, hors d'œuvre.

On veut bien vous entretenir du bout des lèvres dans les cocktails, avec les petites bouchées, le caviar sur blinis, les tranches de saumon à l'aneth, les fromages blancs aux herbes, un verre de chablis à la main, mais c'est vous qui ne désirez plus fréquenter les cocktails, ces cérémonies rituelles où pourtant vous excelliez, sautillant d'un groupe à l'autre, toujours le mot pour rire, le clin d'œil complice, l'oreille aux aguets, glanant ici une information utile, là un rendez-vous, vous excusant soudain pour aller remplir votre verre quand s'incrustait un fâcheux avant de rebondir en force dans le brouhaha des conversations. Si vous brillez toujours, c'est que vous avez atteint l'âge d'or. Ah oui ?! Vous vous endormez sur votre livre, vous piquez un roupillon au théâtre, vous caillez devant la télévision, c'est plutôt cela l'âge dort.

Quand on est vieux on n'entend plus rien. Ni les sirènes ni les dialogues, l'oreille bourdonne comme un taon dans la corolle sucrée d'une clématite. Pourquoi parlent-ils tous en même temps ? Pourquoi si rapidement, sans terminer leurs phrases ? Ils avalent leurs mots avec leur salive, modifient leurs accents, explorent un lexique barbare. *Les autres* sont cruels.

Au fait, que sont devenus vos collègues, vos connaissances, vos amis ? Pourquoi ne les a-t-on pas invités à cette soirée ? Ah, inutile vous dit-on, ils ne viennent plus. Peut-être ont-ils déjà donné ? On les trouve un peu lents, vieux jeu même, c'est vrai que les cocktails dînatoires sont un sport extrême, il faut savoir porter le ballon de rouge.

Hier vous y veniez poussé par l'ambition, vous désiriez impressionner celui-ci, séduire celle-là, vous meniez un combat, grimpant avec vigueur dans l'échelle sociale, sautant même parfois des barreaux. Aujourd'hui vous êtes aussi essoufflé qu'un boxeur dans les cordes. Vous vous asseyez dans un coin, la foule reste debout, elle ne vous voit plus, vous souriez aux anges car l'heure du jugement dernier approche.

Quand on est vieux tout vous épuise. Les escaliers ne mènent pas vers le haut, au contraire, les marches sont des obstacles qui blessent les genoux et chaque pas éveille une douleur à la hanche. Le poids des objets inquiète, vous craignez que la bouteille ne vous glisse des doigts. Quand on est vieux on avance à petits pas, *les autres* souhaitent qu'on accélère, pourquoi faudrait-il progresser plus rapidement ?

Devant un étal les vieux hésitent, quand ils arrivent enfin à la caisse ils vous rendent fou d'impatience à chercher dans un porte-monnaie rikiki des pièces qu'ils ne peuvent même plus compter parce qu'ils ont oublié leurs lunettes. Les vieilles accumulent des sous noirs au fond de leurs sacs à main sans fond. Ce n'est pas en vain que les banques réservent des guichets aux aînés, et ce n'est pas non plus une démarche de compassion. L'administration a compris qu'en concentrant en une seule queue les vieillards encombrants elle débarrassait le plancher pour faire place aux clients dynamiques. Quand on est vieux toute conversation est un plaisir, et la caissière qui gère nos comptes est affectée à ces instants de bonheur.

Quand on est vieux on se met en tête qu'il faut laisser des traces. Sur les parois des cavernes, sur les murs de la maison, dans la tête des survivants. Vous pensez qu'il est temps de fabriquer, par ordinateur, l'ultime album photographique pour rappeler votre enfance et votre vie de jeune adulte à vos descendants qui ne les ont pas connues. Vous avez accumulé en désordre pendant des années des photos de toutes dimensions, comment allez-vous insérer vos souvenirs de voyage de noces parmi ces petits clichés en noir et blanc de vos premières vacances au bord de la mer ou ces images en couleurs de vos amis à table ?

De toute façon, qui cela peut-il sincèrement intéresser ? Vous êtes-vous souvent retrouvé avec l'album de photos de vos parents sur les genoux ? Croyez-vous que votre baptême, vos premiers pas, votre tricycle, vos cousines, votre père à la pêche et votre mère en robe d'été, un bouquet à la main, peuvent avoir de l'intérêt pour d'autres que vous ? Une photographie, souvenir de voyage ou cliché tiré de la vie quotidienne, est un lambeau de documentaire dont vous seul détenez la clé. Sans votre commentaire plus personne ne saura qui sont ces enfants au bain, ces tantes en manteau de fourrure devant l'église, ces adultes souriants assis autour d'une nappe de pique-nique. Vous seul pouvez lire le passé. Pourquoi y consacrer autant d'énergie ? Le passé est passé. Votre vie est caduque comme un bouquet de fleurs coupées qu'aucune aspirine jetée dans l'eau du vase n'empêchera de se faner. Au mieux vous glisserez entre deux pages une rose séchée qui ne sera plus qu'une fleur morte aux yeux de tous, car vous seul savez qui vous l'avait offerte et pour quel anniversaire.

Dans le hall des centres commerciaux, on voit souvent des vieux assis à ne rien faire, occupant les banquettes que l'établissement leur réserve, coincées entre deux bosquets de plantes artificielles. Certains plus âgés ont connu les camps de concentration de l'Allemagne nazie, le centre d'achat leur semble un paradis. Ils sont venus de Bulgarie ou de Pologne et discutent deux à deux. Ils se contentent de regarder, bouche ouverte, les chalands pressés. Parfois ils concentrent leur regard sur le bout de leurs souliers, s'inquiétant de savoir s'ils auront la force de se relever à la fermeture. Ils ne font aucun mal. Ils ne dérangent personne. Ils sont là comme des habitants d'une autre époque. Plusieurs ont déjà des têtes d'enterrement. Parfois ils se disputent à propos d'un souvenir, mais jamais on ne les voit sortir de leur poche une photo, ils ont perdu les albums de l'enfance dans de grands manteaux de laine aux poches trouées. Tout à côté d'eux une boutique tendance vend des appareils numériques et des téléphones portables, mais cette technologie couleur est arrivée trop tard pour des vieillards qui ont toujours vécu en noir et blanc.

Quand on est vieux on ne peut rien espérer, on s'intéresse toujours aux autres, mais *les autres* ne s'intéressent qu'à eux-mêmes et ne prennent conscience de votre présence que si vous obstruez le chemin. Les vieillards remarquent les jolies filles, mais les filles ne les voient plus : quand on est vieux, on devient transparent, translucide, invisible. Les jeunes femmes, on le sait, cherchent le mâle qui assurera la survie de l'espèce, elles sont sensibles au chant des spermatozoïdes combatifs. Tout est génétique et vous n'avez que des cellules amoindries à proposer. Vos glandes endocrines ne mentent pas.

Quand on est vieux, dans les pays de soleil, il faut monter au cocotier, les garçons le secouent en riant pour vous voir tomber, mais vous vous accrochez, vous avez raison : vous êtes la mémoire, ils regretteront un jour leur geste. Dans un pays de glace et de neige, la fin est plus cruelle encore, on vous dépose sur une banquise, vous partez à la dérive, il n'y a plus que les goélands pour vous tenir compagnie. Vous saviez que c'est ainsi que se termine la vie, vous aviez fait de même avec vos ancêtres. Vous êtes un ancêtre. Quand on est vieux il arrive que l'on perde de vue la valeur réelle de l'argent, tout semble trop cher, souvent même hors de prix. Les vieux oublient la courbe de l'inflation. On devrait les dévaluer. Les premiers à écoper sont les employés au pourboire : vous êtes porté à laisser sur la table la petite monnaie qui suffisait jadis, vous avez oublié que le prix du café a été multiplié par quatre, vous devriez de même multiplier votre don. Les vieux ne sont pas radins, ils sont dépassés par le coût de la vie. Pour quelques sous ils s'offraient hier des douceurs, ils ne savent plus mesurer la valeur nouvelle du dollar qui varie sans cesse. Pourquoi les laisse-t-on en circulation ? Ils sont la plaie des cafés-terrasses, on devrait les interdire en bordure du trottoir, leur présence enlaidit les lieux, ils portent ombrage au négoce, poussons-les au fond de la salle, sous l'escalier, dans les coins sombres, près des toilettes où de toute façon ils vont aller plus souvent qu'à leur tour.

L'âge des pharmacies

Une année les Chinois ont égorgé cent mille poules pour étouffer une épidémie de grippe aviaire qui aurait pu se transmettre aux humains. On vous protège. Mais il y aura d'autres poules pour attraper la grippe. Ce sera un beau matin une pandémie qui déferlera de Pékin à Chicoutimi, de Séoul à Strasbourg, sans crier gare. Les premières victimes seront les enfants et les vieillards, c'est justice : les uns apprennent à faire leurs premiers pas, les autres comptent leurs derniers.

Dans nos cités modernes les vieux ont la chaise au cul. J'ai vu notre mère lutter de toutes ses forces pour se lever du fauteuil roulant dans lequel on l'avait confinée. Pour qu'elle ne tombe pas, l'infirmière attachait le dossier à un anneau de métal au mur, notre mère se débattait comme un chien de ferme. Elle ne savait plus marcher, elle ne savait ni où aller ni qui elle était, mais elle luttait de toute son énergie contre la camisole de force. Dans les mouroirs modernes les octogénaires sont grabataires ou prisonniers. Condamnés à la chaise mécanique, électrique ou berçante.

Comment savoir l'heure de sa mort ? Ce serait providentiel. Vous avez toujours travaillé avec des échéances, un article à remettre, un film à terminer, un rapport à distribuer, un gigot à mettre au four, un cours à compléter, une balle à renvoyer, mais l'échéance ultime, votre dernière minute, votre dernier souffle, votre râle va tout bonnement vous échapper. Vous qui avez toujours pris en note dans votre agenda les rendez-vous, vous ne pouvez savoir si le tout dernier sera en janvier, en mars ou en juillet. À quelle date votre mort ? Un lundi ? En quelle année ? On vous vole l'attente, la fébrilité des derniers instants. Quand on est vieux on pense si fort à la mort qu'on oublie de vivre.

Nous sommes passés de l'âge des sorciers à celui des chimistes. Dites à voix basse : «Izaar, cozaar!» et faites vérifier si l'ordonnance est contenue dans la mémoire de l'ordinateur. Vivre comme un vieux c'est se retrouver épisodiquement à la sainte table des miraculés, petit comptoir discret de la pharmacie où l'on rencontre des amis de son âge. Une pilule diminuera la pression du sang dans vos artères, l'homme n'est qu'un ensemble de boyaux dont on peut toujours craindre qu'ils n'éclatent, un anévrisme est si soudain, une fuite est si vite arrivée, une faiblesse cardiaque si douloureuse, une aorte tellement insondable. Les symptômes à surveiller se multiplient, vous êtes un laboratoire mobile, vous analysez ce que vous avalez et rejetez, votre merde est sous surveillance, des traces de sang peuvent annoncer un cancer du côlon. Comment va votre œsophage ? Peu à peu vous devenez hypocondriaque. L'ennui, c'est que l'hypocondriaque peut être atteint de maladies mortelles. Les cancers des ovaires, des seins, des os, de la prostate sont les chemins modernes vers l'éternité.

Il vous faut vous activer, l'obésité guette, vous devriez marcher en récitant des vers, cela entretient à la fois le cerveau et les muscles. Quand on est vieux on craint le diabète : le sucre aveugle silencieusement. Vous regardez avec envie, étalées dans les vitrines des confiseries, les boîtes de loukoums, de chocolats, de fruits confits, de réglisses multicolores que, jeune, vous ne pouviez vous payer et que, vieux, vous ne pouvez plus croquer.

Mais on n'arrête pas le progrès, les chercheurs vous annoncent des molécules qui vous épargneront les maladies de Parkinson et d'Alzheimer d'ici dix ans, quand ils auront guéri les singes et les cochons. Tiendrez-vous jusque-là ? Vous apprenez de nouveaux termes dans les dictionnaires de symptômes, vous contrôlez votre masse corporelle, vous dégraissez vos artères avec des produits plus efficaces les uns que les autres, le cholestérol est une bête invisible, la chasse chimique est ouverte toute l'année.

« Comment allez-vous ? » demandent poliment des quidams rencontrés par hasard. « Très bien », répondez-vous, car personne ne désire vraiment connaître l'état de vos viscères, l'intensité de vos douleurs arthritiques, la difficulté que vous avez de digérer les charcuteries. Quand on est vieux, mieux vaut ne pas répondre, pourquoi mettre son interlocuteur mal à l'aise ? L'approche anglaise est à conseiller, répondre « howdoyoudo ? » à « howdoyoudo ? » est la seule manière de ne pas ennuyer, de ne pas s'imposer, de ne pas s'engager dans une conversation oiseuse qui ne mènerait qu'à la tristesse, au souvenir des disparus qui n'avaient pas pris, n'est-ce pas, comme vous, soin de leur santé. Si la jeunesse doit s'affirmer avec force, la vieillesse doit se faire discrète, légère, évanescente. Encore un peu de temps et l'on ne vous reverra plus.

Or il fut un temps où vous paradiez devant des foules retenues par des cordons de sécurité, vous répondiez avec suffisance à des entrevues de journalistes, vous vous laissiez photographier en prenant des airs, vous donniez la réplique aux bonimenteurs, vous surveilliez les commentaires des commères, vous vous donniez de l'importance. Vous ne sauriez retrouver cette ferveur qu'en mettant en scène (certains l'ont osé) votre suicide dans un lieu public. Vous êtes vieux, mais vous manquez de courage, vous ne voulez pas mourir.

D'ailleurs mourir pour quoi faire ? Vous avez visité, à Volterra, en Toscane, un extraordinaire petit musée de tombes anciennes, étrusques, romaines et chrétiennes, dont les personnages de marbre reproduisent les traits des défunts disparus depuis des siècles. «Ne m'oubliez pas!» semblent-ils crier. «Voyez mon visage, touchez à mon nez, mettez le doigt dans les plis de la robe de mon épouse!» Ils sont deux par deux dans ces petites tombes, le mari et la femme. Ces artefacts sont au carrefour de la caricature et du pathétique. À l'entrée la première tombe n'est qu'une pierre placée de guingois au-dessus des os, puis, dans un ordre chronologique parfait on découvre des urnes de plus en plus ornementées. L'art et l'accumulation de la richesse s'interpénètrent, de siècle en siècle, mais la mort est la même, de l'urne la plus primitive au cercueil le plus ouvragé. Qu'auriez-vous choisi d'exposer dans ce musée?

On dit que la santé est une promesse d'éternité que personne ne peut tenir.

Après votre soixante-quinzième année, vous ressemblez à une voiture usagée dont les parties se déglinguent l'une après l'autre, changez-moi un genou, un cœur, une hanche, un rein, la carrosserie a encore fière allure, mais le vieillissement est inéluctable. Quand on est vieux on rouille de l'intérieur, certains plus lentement que d'autres, mais qu'importe! Le désir d'éternité ne s'épuisera pas.

Il vous arrive d'envisager votre disparition personnelle comme une métaphore. Vous êtes un chaînon de l'espèce humaine, cela vous renvoie à votre minable importance. Vous n'aurez été qu'un *Sapiens sapiens* parmi d'autres. Et quand on vous dit que vous allez mourir et disparaître, que vos cendres ne seront que poussière, vous refusez de le croire, comme ces Californiens qui vivent sous la menace d'un tremblement de terre et ne veulent l'admettre. On pense toujours que l'on va s'en sortir. On ignore que pour faire face au pire, il faut croire à la mort. Les hommes préfèrent croire en Jésus, Mahomet, Bouddha et la vie éternelle. Quand on est vieux on sait bien que la vie aura une fin, comme elle a eu un commencement. Le miracle au début, le désespoir à la fin.

Croire à la mort ? Quelle curieuse idée ! Quand on est vieux on se laisse plutôt persuader de se mettre au golf. L'idée vous a toujours paru ridicule : vous balader dans un parc arboré sous prétexte d'enfiler une petite balle blanche dans l'anus d'une pelouse verte manucurée. Vous avez acheté des bâtons en titane ou des bois à grosse tête pour frapper comme les maîtres à la télévision, toujours plus fort, plus loin, plus haut. En vain. Vous êtes sur l'aire du départ. Vous levez les bras, pliez les genoux, fixez la balle avec une concentration totale, vous oubliez la mort, vous frappez. Ce n'est pas mal. Vous partez à la recherche de votre victime dans l'herbe du parcours, traînant votre sac sur un chariot. Vous êtes en vie ! Si le Christ a vécu douze stations, le golf est plus généreux : vous aurez droit à dix-huit. Chacune présente des difficultés particulières, bosquets, trappes de sable, étangs à grenouilles. Vous contemplez les arbres qui délimitent le terrain, les renards et les oiseaux qui transforment l'ensemble en un simulacre du paradis. Vous êtes heureux.

Les bons sentiments

Mais peut-être riez-vous pour ne pas pleurer ? La vieillesse transforme chacun en une bombe d'émotions à retardement. La moindre attention que l'on vous accorde, l'appel téléphonique inattendu d'un enfant, la visite inopinée d'un ami, un air de jazz au trombone, une douce brise d'été, une odeur d'ail qui traîne dans la cuisine, les restes d'un plat préféré, et vous voilà bouleversé, ému, les larmes aux yeux.

C'est agaçant cette larme à l'œil du vieillard, cette alarme à l'œil, cette étrange faculté que vous avez de pleurnicher à tout moment, en perdant aux cartes ou en évoquant des vacances à la montagne. Les Romains conservaient les larmes des pleureuses dans de minuscules bouteilles en cristal de roche, nous aurions eu avantage à poursuivre la coutume. Peut-on analyser l'ADN des larmes évaporées ? Il serait intrigant de découvrir le fin fond de la tristesse.

Ainsi il n'y a pas de pleurs plus impressionnants que ceux de ces anciens combattants qui, lorsque questionnés sur le débarquement de Normandie ou la guerre d'Algérie, répondent doucement, commençant par décrire la mer et la couleur du ciel ce jour-là, puis le bruit des bombes et qui, à la pensée soudaine d'un camarade disparu, le corps disloqué par une grenade, éclatent en sanglots. Ils s'excusent alors et ne veulent plus parler. Ils ont encore la mitraille dans l'oreille, ils ne vous voient plus. À vingt ans on fait la guerre, à quatre-vingts ans on la pleure toujours. Les anciens combattants à qui on a épinglé des médailles de bravoure sont des taiseux. On attendait d'eux, comme au cinéma, qu'ils reviennent au pays le front haut, fleur au fusil, en réalité toutes ces années ils ont pleuré à l'intérieur d'eux-mêmes, la gorge serrée.

Pleurez-vous au cinéma ? Quand on est vieux le cinéma est un extraordinaire passe-temps, on y peut contempler la mort des autres en se calant dans un fauteuil confortable. Il n'y a pas de têtes blanches au cinéma, il n'y a que des spectateurs tous égaux à suivre les jeux d'ombre et de lumière. Il n'y a pas non plus de fauteuil numéroté, de places réservées aux plus riches, c'est un lieu égalitaire. De l'arrière de la salle parviennent des effluves de pop-corn salé arrosé de beurre fondu. Vous voyagez dans le temps, quand Gene Kelly dansait sur les meubles, quand Bogart à Casablanca regardait avec tristesse s'envoler un vieux coucou, quand James Dean s'éclatait sur les routes, et puis soudain vous quittez l'enfance et l'art. C'est que les films comme des couleuvres ont changé de peau, ils sont devenus plus violents, plus crus, plus tape-à-l'œil, plus rapides qu'autrefois. Les chefs-d'œuvre du septième art, les classiques du cinéma, les pellicules de jadis sont réservés aux fins de soirée à la télévision ou aux écrans des cinémathèques. L'altitude se paie, le temps aussi.

Quand on est vieux on profite de rabais dans les salles de cinéma. Deux seniors pour le prix d'un adulte, l'idée étant de rentabiliser les heures creuses. En réalité on vous fait des prix à la caisse, mais vous n'êtes plus un public cible, vous n'êtes même pas visé : vous-même ne prenez plus la peine de retenir le nom des vedettes : vos acteurs favoris sont au cimetière. De toute façon la musique, de plus en plus agressive, vous pousse vers la sortie. D'ailleurs vous avez vécu au *temps du cinéma*, celui des programmes doubles et des salles de quartier, celui des comédies qui faisaient crouler de rire des spectateurs bon enfant, celui des salles décorées comme des palais mauresques, portant des noms grandioses. Quand on est vieux on se souvient de cet art comme d'un cérémonial, les gens nouaient une cravate pour aller voir un drame à l'écran du cinéma Empire, aujourd'hui les films jouent dans les sous-sols aménagés, le cinéma est un plaisir personnel, une sorte de masturbation, il va disparaître dans la nébuleuse de la distraction tous azimuts. Demain Laurence d'Arabie à dos de chameau parcourra le désert sur les écrans des téléphones. Comme certaines personnes ne connaissent la peinture que dans les albums, les spectateurs ne sauront plus que jadis on projetait dans la nuit des images plus grandes que nature. Quand on est vieux on souffre de *cinéphilie*, étrange maladie réservée aux générations qui ont connu le sel d'argent.

Et puis il y a les vieux vêtements inusables auxquels vous êtes attaché. Vous avez l'air ridicule avec ces fringues, vous devriez les donner, mais vous détestez gaspiller, alors vous vous affublez de couleurs démodées, de vêtements trop amples, de chemises dont les fleurs sont depuis trop longtemps fanées. Mais un jour vous remplissez des sacs verts de pantalons, jupes, blouses et vestes que vous allez glisser dans les chutes à linge des sociétés de bienfaisance.

Un immigré portera l'hiver prochain votre pull favori, cela pourrait faciliter son intégration à une société que vous allez quitter bientôt.

On ne vous oublie pas

Quand on est vieux des entreprises commerciales bien intentionnées vous envoient par la poste de luxueux dépliants publicitaires en quadrichromie, elles vous invitent à regarder l'avenir en face. L'avenir ? Est-il temps d'envisager les rites de la cérémonie du décès ?

L'approche est délicate, les textes, prudents, les illustrations, choisies avec goût. En couverture le plus souvent des visages souriants aux yeux gris sous des cheveux blancs vous reluquent depuis le décor d'un jardin à l'anglaise. Sur la page centrale vous ne trouverez pas de fille affriolante, mais un couple anonyme, visiblement heureux d'être encore à deux dans ce monde, déambulant dans un parc arboré, chênes rouges et pommiers en fleurs. Vous vous demandez lequel de ces vieux amoureux disparaîtra le premier, et vous savez bien que ce sera vous. Séduit par les jardins, les bosquets, les platebandes fleuries dont les couleurs évoquent, allez savoir pourquoi, des poissons tropicaux, vous feuilletez le prospectus. Vous devenez pensif, absorbé, vous entrez mentalement à reculons dans le royaume de Charon, ce nocher mythique qui, pour une obole, offrait d'aider les morts à traverser les fleuves infernaux.

Aujourd'hui l'obole peut être le fruit d'une entente (on dit un préarrangement) qui libérera vos proches du poids de votre décès. Quand on est vieux, on se veut léger, discret. Que propose Charon ? Le transport du cadavre, le certificat de décès, le choix d'un embaumement avec exposition ou d'une crémation dont les cendres seront remises aux endeuillés. La variété des cercueils et les prix vous étonnent : le plomb, l'aluminium, l'acier, les bois précieux ne sont pas donnés.

Par contre le pin noueux, rehaussé de poignées en laiton, fait plus modeste et presque moderne. Vous vous demandez un instant si IKEA n'aurait pas un meilleur choix. Et puis il y a les urnes cinéraires en marbre, en étain, en céramique, en porcelaine ou en sel gemme, usinées ou artisanales.

Vous vous sentez, chez Charon, comme dans une grande surface qui fait épicerie, viandes et poissons, légumes en conserve et produits congelés. Vous envisagez cette dernière possibilité quelques minutes. Vous vous imaginez sous vide, dans le froid, réanimé dans cinquante ans pour voir ce que fabrique votre progéniture dans le monde. La crémation est rédhibitoire, la congélation, superfétatoire : vos cellules éclateraient, votre cerveau ratatinerait.

On vous a dit que de plus en plus de vos concitoyens choisissent l'incinération. Peut-être ont-ils perdu foi dans la vie éternelle ? Les crématistes désolent les thanatologues, qui voient baisser leurs revenus traditionnels. Les auteurs de romans policiers ne peuvent plus déterrer un cadavre à la recherche des traces d'un crime : et si on vous assassinait avant de vous mettre au four ? Quand on est vieux il arrive qu'un vase vous laisse songeur, de même la cendre refroidie d'une cigarette oubliée sur le comptoir d'un bistrot.

Vous feuilletez en prenant un café les pages de nécrologie des grands quotidiens, vous vous arrêtez aux photographies des personnes dont on annonce le décès. Les victimes du jour ne vous regardent pas, en fait elles fixaient l'objectif avec un sourire radieux, certaines sont même hilares, vous mesurez l'inanité d'une photo. Celle-ci ornait le manteau de la cheminée et se retrouve en pleine page funéraire. Le cliché de celui-ci date de ses études à l'université, la tête de celle-là est un instantané d'anniversaire, un autre rigole dans un salon, c'est la fête, il rigole sur papier, mais il est mort maintenant.

Ce sont les maisons funéraires qui font paraître ces faire-part conventionnels, un service inclus vraisemblablement dans les coûts de préarrangements : Réthune Chantal, né en 1917, décédé en mai 2010, qu'a-t-il fait dans la vie ? Anette Jean-Pierre, née en 1941, peut-être en Haïti ? Jean Maufette, né en 1928, garagiste ou professeur ? Ce n'est pas de la discrétion, ce silence est de la bêtise, ces femmes et ces hommes ont fait partie de la société, nous sommes désormais privés de connaître leur participation à l'aventure humaine. La presse de langue française est terriblement incompétente, ces gens qui ont fait le XXe siècle ne comptent plus. D'ailleurs les pages des journaux de langue française semblent réservées aux morts d'origine canadienne-française : les Italiens, Slovaques, Grecs, Juifs et Irlandais, ou immigrés de récente date, se retrouvent dans les gazettes anglaises, avec au moins quelques repères, celui-ci était militaire, celle-là, directrice d'école. Vous êtes en train de vous dire que, dans la mort comme dans la vie de la cité, les communautés sont étanches. Les décès s'avèrent un référendum indiscutable sur les vertus du multiculturalisme.

Dans les journaux de Toronto ou de New York, on souligne l'existence des classes sociales et des traditions. Le culte de la mémoire amène les riches à commander pour publication de sérieuses biographies qui accompagnent les avis de décès. Rédacteur de nécro est un métier stable.

Devriez-vous rédiger la vôtre ? Ce serait plus prudent. Qui citera-t-on ? Où mettra-t-on votre bouille dans le journal ? Sera-t-elle encadrée ? De quelle taille ? En haut de la page ? Apparaît-on par ordre alphabétique pour monter au ciel ? Pourquoi embaume-t-on les morts comme l'on maquille les vivants ? Quand on est vieux on ne sait même plus où aller se faire coiffer.

Votre barbier attitré a pris sa retraite, et vous avez les cheveux trop rares et trop fins, les jeunes coiffeuses ne voient pas comment traiter votre maigre toison.

Vous vous surprenez à souhaiter que la photo de votre trépas soit tirée de vos clichés de voyage. Votre visage en gros plan devant une pyramide égyptienne impressionnerait les momies. Nous prions les parents et amis de ne pas envoyer de fleurs, mais de plutôt verser une contribution à l'Institut de recherche contre la mort. Ne pas envoyer de fleurs ? Que trouvera-t-on pour souligner l'événement ? Un orchestre ? On dira : il était septuagénaire ou octogénaire, il a bien vécu, n'est-ce pas suffisant comme temps sur terre ? On ne va pas pleurer. Quel cimetière choisissez-vous ? Celui de vos parents ? Un lot anonyme ? Vous préféreriez que l'on répande vos cendres dans les eaux du fleuve ? Aimeriez-vous une pierre tombale, une statue équestre, un monument en bronze ?

Mais pourquoi désespérer ? « Dieu peut tout » vous a raconté un Témoin de Jéhovah qui passait de demeure en demeure un dimanche matin répandre la bonne nouvelle des trompettes célestes et de la Résurrection des Croyants.

Vous pensez : Dieu aura un sacré travail à rassembler tous ces os pourris et toutes ces cendres lancées aux quatre vents depuis cinquante mille ans. Vous vous croyez courageux, la saisine ne vous effraie pas, devant le miroir de la salle de bain vous pensez regarder la mort droit dans les yeux, mais vous vous bercez d'illusions : la mort n'est pas en face de vous, la glace ne vous renvoie, toujours et encore, que l'image de votre détresse.

Et lorsque le Premier de l'an arrive une fois encore, lorsque sur le coup de minuit à l'écran cathodique éclatent les inévitables feux d'artifices de Sydney, Singapour ou Londres et qu'à Paris scintillent, comme pierres du Rhin, les étages de la tour Eiffel, vous allez vous coucher, laissant le champagne au frais. Quand on est vieux, une nouvelle année, c'est une année de moins.

Œuvres de Jacques Godbout

Carton-pâte, poésie, Seghers, 1956.

Les Pavés secs, poésie, Beauchemin, 1958.

C'est la chaude loi des hommes, poésie, L'Hexagone, 1960.

L'Aquarium, roman, Seuil, 1962 ; Boréal, coll. « Boréal compact », 1989.

Le Couteau sur la table, roman, Seuil, 1965 ; Boréal, coll. « Boréal compact », 1989.

Salut Galarneau !, roman, Seuil, 1967 ; Art global, 1976 ; Seuil, coll. « Points », 1980 ; Stanké, 1981.

La Grande Muraille de Chine (avec J. Colombo), poésie, Éditions du Jour, 1969.

D'Amour, P.Q., roman, Seuil/HMH, 1972 ; Seuil, coll. « Points », 1991.

L'Interview (avec P. Turgeon), théâtre, Leméac, 1973.

Le Réformiste. Textes tranquilles, essai, Quinze, 1975 ; Boréal, coll. « Papiers collés », 1994.

L'Isle au Dragon, roman, Seuil, 1976 ; Boréal, coll. « Boréal compact », 1996.

Les Têtes à Papineau, roman, Seuil, 1981 ; Boréal, coll. « Boréal compact », 1991.

Le Murmure marchand, essai, Boréal, coll. « Papiers collés », 1984 ; coll. « Boréal compact », 1989.

Souvenirs Shop, poésie, L'Hexagone, 1984.

Une histoire américaine, roman, Seuil, 1986 ; coll. « Points », 1988.

Plamondon, un cœur de rockeur, essai, Éditions de l'Homme, 1988.

L'Écran du bonheur, essai, Boréal, coll. « Papiers collés », 1990 ; coll. « Boréal compact », 1995.

L'Écrivain de province. Journal, 1981-1990, Seuil, 1991.

Le Temps des Galarneau, roman, Seuil, 1993 ; Boréal, coll. « Boréal compact », 2002.

Le Sort de l'Amérique, scénario, Boréal/K-Films, 1997.

Une leçon de chasse, roman jeunesse, Boréal, 1997.

L'Idée de pays, essai, Presses de l'Université d'Ottawa, 1998.

Le Buffet. Dialogue sur le Québec à l'an 2000 (avec R. Martineau), essai, Boréal, 1998.

Opération Rimbaud, roman, Seuil, 1999 ; Boréal, coll. « Boréal compact », 2003.

Salut Galarneau ! suivi de *Le Temps des Galarneau*, roman, Fides, 2000.

Mes petites fesses, album, Les 400 coups, 2003.

Bizarres, les baisers !, album, Les 400 coups, 2006.

La Concierge du Panthéon, roman, Seuil, 2006.

Fanfaron, album, Les 400 coups, 2007.

Autos biographie (avec R. Simard), album, Les 400 coups, 2008.

Lire, c'est la vie, essai, Boréal, coll. « Papiers collés », 2010.

Filmographie*

Les Dieux, court métrage documentaire, 1961.

À Saint-Henri le cinq septembre, moyen métrage documentaire, 1962.

Pour quelques arpents de neige, court métrage documentaire, 1962

Paul-Émile Borduas (1905-1960), court métrage documentaire, ONF, 1962.

Rose et Landry, court métrage documentaire, 1963.

Fabienne sans son Jules, court métrage de fiction, 1964.

Le monde va nous prendre pour des sauvages, court métrage documentaire,1964.

Huit témoins, moyen métrage documentaire, 1964.

YUL 871, long métrage de fiction, 1966.

Kid Sentiment, long métrage de fiction, 1967.

IXE-13, long métrage de fiction, 1971.

Les « Troubbes » de Johnny, court métrage de fiction, 1974.

La Gammick, long métrage de fiction, 1974.

Aimez-vous les chiens ?, moyen métrage documentaire, 1975

L'Invasion (1775-1975), court métrage documentaire, 1976.

Derrière l'image, long métrage documentaire, 1978.

Deux épisodes dans la vie d'Hubert Aquin, moyen métrage documentaire, 1979.

Feu l'objectivité, court métrage documentaire, 1979.

Distorsions, moyen métrage documentaire, 1981.

Un monologue Nord-Sud, moyen métrage documentaire, 1982.

Comme en Californie, long métrage documentaire, 1982.

Québec Soft (La musique adoucit les mœurs), court métrage documentaire, 1985.

En dernier recours, long métrage documentaire, 1987.

Alias Will James, long métrage documentaire, 1988.

Pour l'amour du stress, moyen métrage documentaire, 1991.

Le Mouton Noir, long métrage documentaire, 1992.

L'Affaire Norman William, long métrage documentaire, 1994.

Le Sort de l'Amérique, long métrage documentaire, 1996.

Traître ou Patriote, long métrage documentaire, 2000.

Anne Hébert, 1916-2000, moyen métrage documentaire, 2000.

Les Héritiers du Mouton Noir, long métrage documentaire, 2003.

* Tous ces films ont été produits ou coproduits par l'Office national du Film du Canada.

Derrière la Toile, moyen métrage documentaire, *Pixcom*, 2009.

Table des matières

Préface   7
Jacques Godbout ou l'art de la conversation

Toujours écrivain de province ?   17

L'art de lire   53

Le Québec, encore et toujours   71

Le Québec et le monde   117

La démocratie, pour le meilleur et pour le pire   137

La tentation politique ?   157

Il était une fois l'ONF   181

Et finalement, la vie ?   199

La saisine	209
Œuvres de Jacques Godbout	233
Filmographie	235

CRÉDITS ET REMERCIEMENTS

Les Éditions du Boréal reconnaissent l'aide financière du gouvernement
du Canada par l'entremise du Fonds du livre du Canada (FLC)
pour leurs activités d'édition et remercient le Conseil des arts
du Canada pour son soutien financier.

Les Éditions du Boréal sont inscrites au Programme d'aide
aux entreprises du livre et de l'édition spécialisée de la SODEC
et bénéficient du programme de crédit d'impôt pour l'édition de livres
du gouvernement du Québec.

Photographie de la couverture : © Frederick Duchesne.

Ce livre a été imprimé sur du papier 30 % postconsommation.

MISE EN PAGES ET TYPOGRAPHIE :
LES ÉDITIONS DU BORÉAL

ACHEVÉ D'IMPRIMER EN FÉVRIER 2014
SUR LES PRESSES DE L'IMPRIMERIE LEBONFON
À VAL-D'OR (QUÉBEC).